Krisztina Jütten

Farben der Geschichte

Im Gespräch mit der Künstlerin Sabine Hoffmann

Die Kunst ist eine Tochter der Freiheit

(Friedrich Schiller)

Ein herzlicher Dank gilt Sabine Hoffmanns Freundin Marion Hermann-Röttgen, die sich mit großem Engagement für die Entstehung dieses Buches eingesetzt hat.

Krisztina Jütten

Farben der Geschichte

Im Gespräch mit der Künstlerin Sabine Hoffmann

opus magnum

Edition Amici

Krisztina Jütten M.A.

ist freie Kunsthistorikerin, lebt und arbeitet bei Pforzheim.
Sie ist in Budapest geboren und aufgewachsen. Studium der Germanistik an der Universität Basel, Studium der Kunstgeschichte und der Neueren Geschichte an der Eberhard Karls Universität Tübingen, Magister Artium. Als Ausstellungskuratorin und Autorin ist sie vorwiegend im Bereich moderne und zeitgenössische Kunst für verschiedene Kunstinstitutionen und Kunstsammlungen tätig. Sie ist Mitwirkende bei zahlreichen interdisziplinären Projekten in den Bereichen Kulturgeschichte, Fotografie und Architekturgeschichte. Seit vielen Jahren leitet sie Bildungs- und Studienreisen im In- und Ausland mit Schwerpunkt Budapest, Berlin, Wien und Venedig. Regelmäßige kunsthistorische Vorträge und Seminare, Ausstellungseröffnungen und Führungen ergänzen ihr berufliches Feld.

Bibliografische Information der Deutschen Nationalbibliothek
Die Deutsche Nationalbibliothek verzeichnet diese Publikation in der Deutschen Nationalbibliografie; detaillierte bibliografische Daten sind im Internet über www. dnb.dnb.de abrufbar.

Herstellung: Book on Demand GmbH. Norderstedt
ISBN 13: 978-3-939322-89-4

Titelbild: Israel III: Jerusalem, 1995. Freischwebend installiert im Independence Park mit Blick auf die Altstadtmauern. Foto: Passantin
Fotonachweis: Wenn nicht anders vermerkt, sind die Fotos von der Künstlerin
Werkeigentum: Wenn nicht anders vermerkt, ist die Künsterlin Eigentümerin

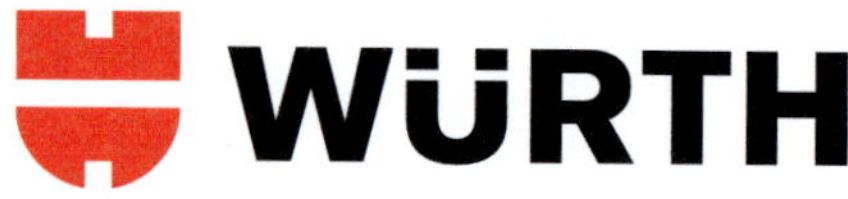

Mit freundlicher Förderung der Adolf Würth GmbH & Co. KG

Inhalt

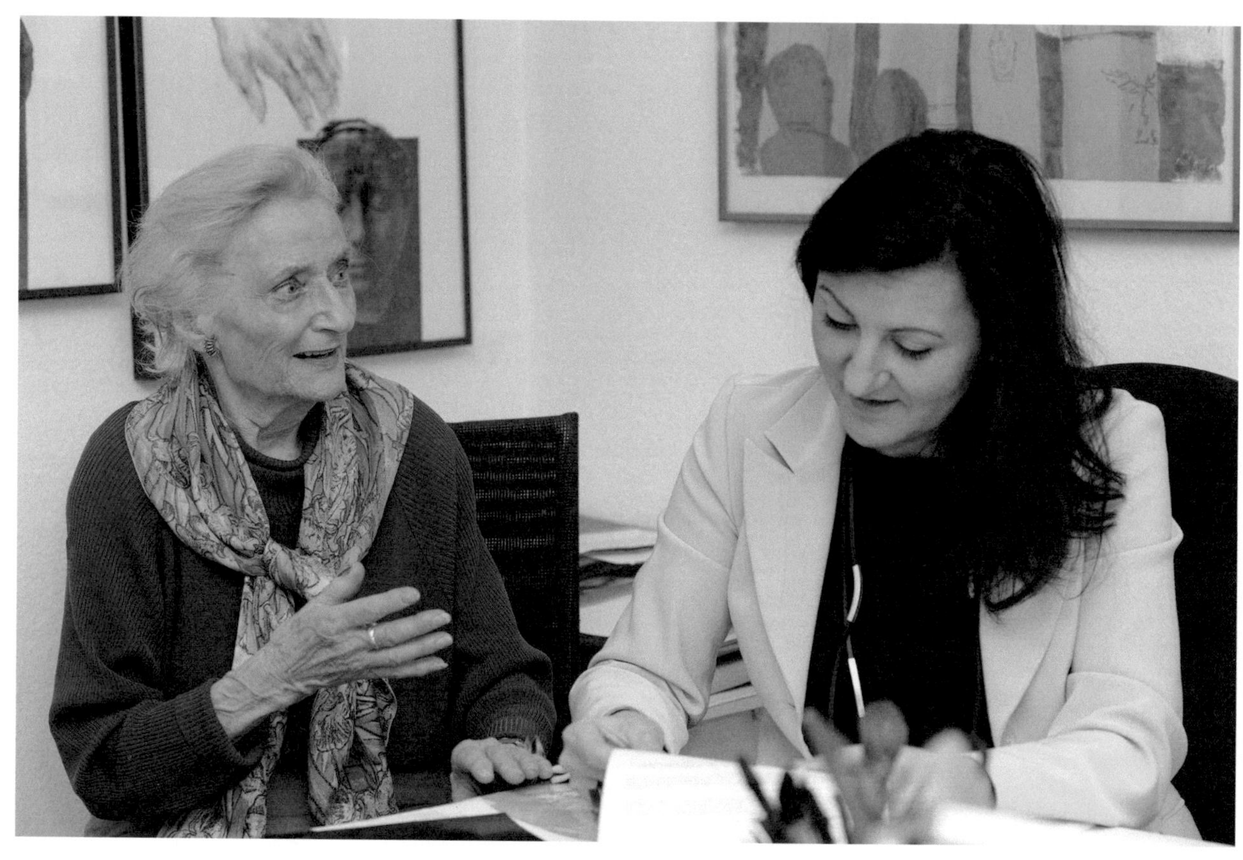

Sabine Hoffmann mit Krisztina Jütten bei der Abfassung des vorliegenden Werkes (Foto Gerd Jütten)

Vorwort

Von unserer ersten Begegnung an haben mich die Vitalität und Offenheit von Sabine Hoffmann beeindruckt. Aber noch mehr als ihre persönliche Ausstrahlung war es die außergewöhnliche Dimension ihrer Kunst, die mich faszinierte.
Ihr Lebenswerk spannt sich von graphischen Arbeiten, Aquarellen, Wandobjekten und Skulpturen in öffentlichen Räumen bis hin zu großformatigen Installationen im urbanen Umfeld und in der Natur. Ein beeindruckendes Lebenswerk, das sich in einer gegen jeden modischen Zeitgeist gerichteten Kompromisslosigkeit verdichtet hat. Auch heute noch, in ihrem hohen Alter, ist Sabine Hoffmann voller Schaffenskraft und verfolgt das Zeitgeschehen in Gesellschaft und Politik mit wacher und kritischer Offenheit. So bleibt ihr Werk bis heute ein fortwährender Dialog, lautlos und doch für alle, die es schätzen, vernehmbar. Sie wählt die bildende Kunst nicht um der Kunst willen, sondern um mit künstlerischen Mitteln den Existenzerfahrungen der Menschen Ausdruck zu verleihen. Ein tiefes Mitgefühl mit den Leidenden und Erniedrigten prägt ihre Kunst bis heute. Die Auseinandersetzung mit der Wahrung der condition humaine ist ein zentrales Thema ihres künstlerischen Schaffens und spiegelt ihre persönliche humane Haltung und ihr Kunstverständnis wider.
Bei Sabine Hoffmann ist das Persönliche vom Beruflichen kaum zu trennen. Wenn ich sie heute als Zeitzeugin deutscher Geschichte befrage, dann aus der Überzeugung, dass ihre persönlichen Schilderungen von gesellschaftlicher und historischer Relevanz sind. Daher stehen in diesem Buch die Fragen nach ihren individuellen Lebensgeschichten, Erlebnissen und Begegnungen im Vordergrund.

Wie ist ihr wirklich gelebtes Leben? Wer ist der Mensch hinter dieser Kunst? Wir erfahren Humorvolles, Schmerzvolles, Persönliches und Historisches – Wertvolles.

Meine Dankbarkeit und Hochachtung gilt einer großartigen Künstlerin und einem besonderen Menschen.

Krisztina Jütten

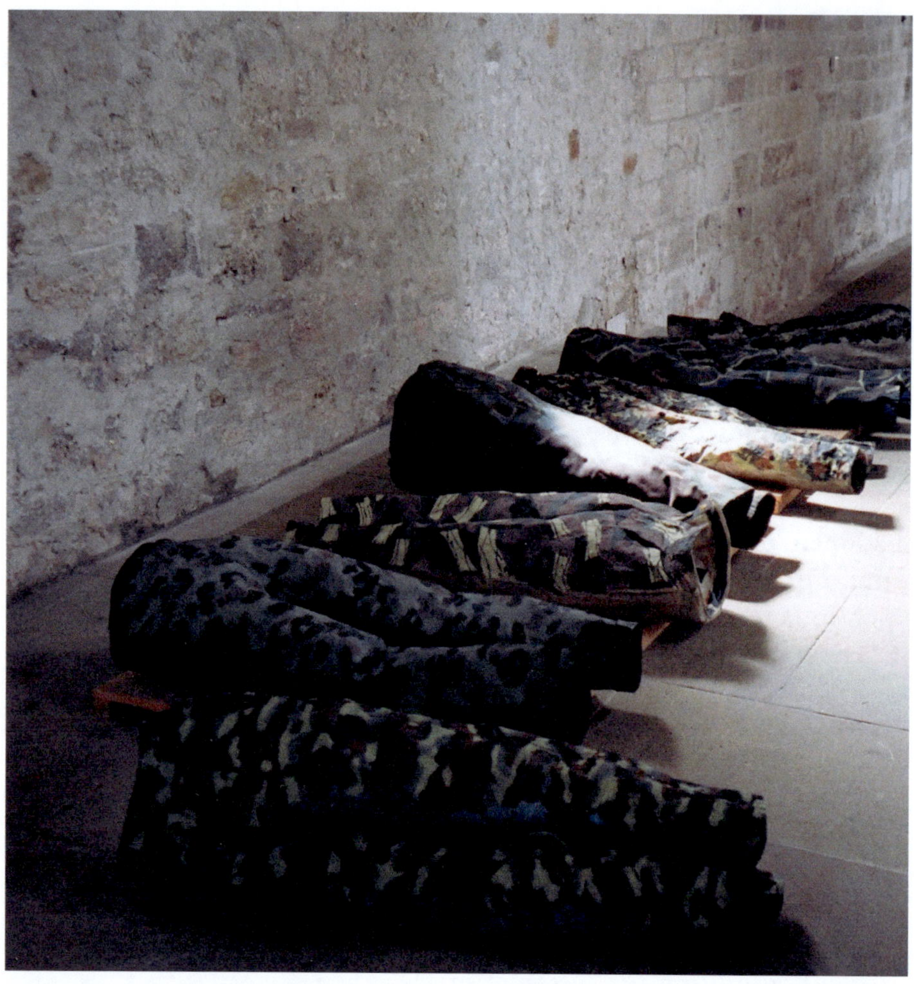

Alle wollen sie dabei sein, 1999
Herrenhosen, Dispersionsfarbe, Paletten. Hier Erstpräsentation in der Kirche St. Martin in Sindelfingen (2000). Die mit den Tarnmustern derzeit kriegführender Truppen bemalten „leeren“ Hosen lassen ahnen, dass die Männer nicht eines natürlichen Todes gestorben sind (siehe auch S. 79).
Sammlung Würth, Künzelsau

Von den Wurzeln

Sabine Hoffmann, eine ganze Reihe Ihrer Projekte und Arbeiten thematisieren bedrückende Themen, die Körper und Geist erschüttern. Ich denke unter anderem an Ihre Werke in der Kunstsammlung Würth: „Alle wollen sie dabei sein", „Und Gott schläft? – Menschenopfer – Wegwerfmenschen", und „Manhattan Transfer oder: Was soll uns bleiben?", aber auch an Ihre Straßenaktion „Persönliche Angst und verbreitetes Schweigen".
Sie erzählen von Krieg, Terror und entsetzlichem Leid, zeugen von Vernichtung und Zerstörung menschlicher Existenz, immer wieder von Menschenhand angerichtet. Wenn man, wie Sie, den Zweiten Weltkrieg aus unmittelbarer Nähe erlebt hat, entwickelt sich eine klare Haltung solchen Taten gegenüber. Wann und wo Sie auch immer die condition humaine, die Grundbedingungen menschlicher Existenz, verletzt sehen, äußern Sie sich mit bildnerischen Mitteln und konfrontieren uns schonungslos mit Themen, die wir sonst vielleicht teilnahmslos und feige ignorieren würden.
Sie sind 1926 in Danzig geboren und haben als junges Mädchen das Kriegsgeschehen miterlebt. Vieles hat sich für immer in Ihr Gedächtnis eingeprägt. Diese persönliche Erfahrung war und ist für Sie immer nah und aktuell genug für eine öffentliche und künstlerische Stellungnahme. Wie haben Sie Danzig und die Kriegsjahre dort erlebt?

Danzig war nach dem Ersten Weltkrieg zum Freistaat mit eigener Währung und eigenen diplomatischen Vertretungen geworden, es ist nicht zu Polen, aber auch nicht zu Deutschland geschlagen worden. Es wurde Freistaat unter dem Schutz des Völkerbundes und hatte einen Hohen Kommissar, der vor Ort den Völkerbund vertrat und eigentlich nach dem Rechten hätte sehen müssen. Es hätte nicht sein dürfen, dass die Nationalsozialisten sich in dieses Staatsgebiet infiltrieren, das unabhängig war und nicht mehr zum Deutschen Reich gehörte. Die Jahre meiner Kindheit und meiner Jugend bis zum neunzehnten Lebensjahr in Danzig waren sehr prägend.

War man in Danzig über die Ereignisse der 30er Jahre im Reich informiert?

Ja, man konnte in Danzig die gesamte ausländische Presse lesen und auch Rundfunk hören. Meine Eltern schafften 1937 nur

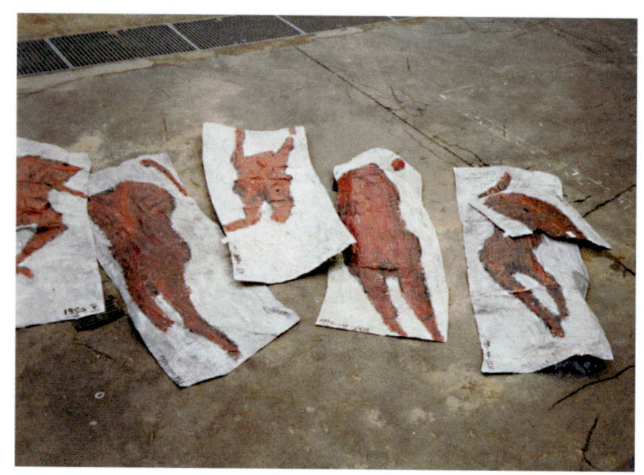

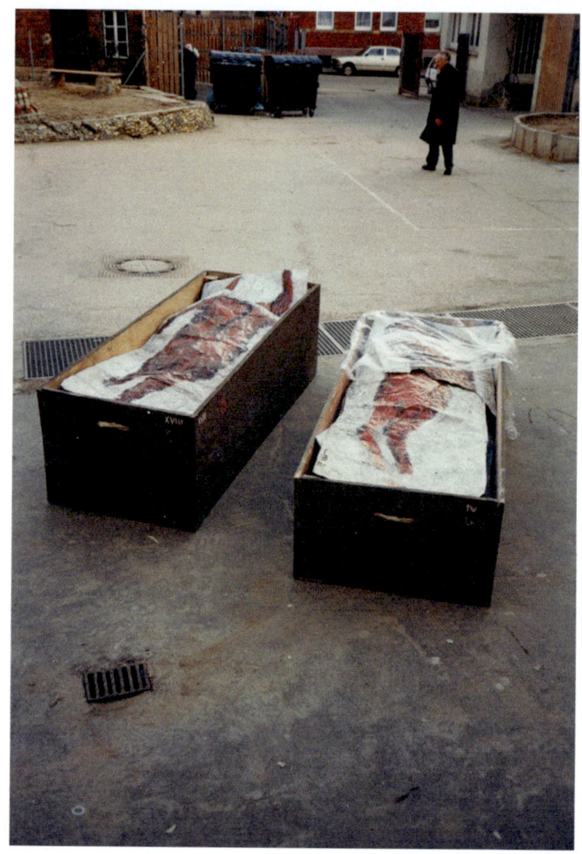

Und Gott schläft?
Menschenopfer – Wegwerfmenschen, 1994
Dispersionsfarbe, Klarlack, Spritlack auf verklebten aktuellen Tageszeitungen, aufgeschichtet in groben Holzkisten, wie zur Entsorgung abgestellt. Die Installation entstand nach den ersten Selbstmordattentaten in Israel. Die Künstlerin sah mit Entsetzen im Fernsehen, wie Leute herumliegende Körperteile zusammensammelten. Und das war erst der Anfang. Gläubige Menschen mögen sich gefragt haben, wie Gott so etwas zulassen kann. Die erste Präsentation des Werkes erfolgte in einer Straßenaktion.
Sammlung Würth, Künzelsau

deshalb ein Radio an. So konnte man sich durchaus informieren, was in Deutschland vor 1939 vorging. Die Verfolgung von Andersdenkenden begann bereits 1933, zum Teil auch schon vorher. In Danzig war man sicher besser über das Aufkommen des Nazismus in Deutschland informiert als im Reich selber. Es herrschte eine recht gespannte Stimmung. Meinen Eltern war es ganz klar, worauf Hitler hinaus wollte. Sie sagten zu anderen – auch zu unseren jüdischen Nachbarn: „Lesen Sie einmal sein Buch *Mein Kampf*. Dann werden Sie sehen, was Hitler mit Ihnen vorhat und was im Reich auch schon zum Teil passiert." Viele weigerten sich, ein solches Buch zu lesen; sie sagten: „Pfui, so was liest man doch nicht". Man hätte es wissen können. Der Zweite Weltkrieg kam nicht wie ein Blitz aus heiterem Himmel, er war lange geplant.

Erinnern Sie sich an den offiziellen Beginn des Krieges?

In der Nacht zum 1. September 1939 hörte man Schüsse und sah Mündungsfeuerschein. Es war das deutsche Kriegsschiff Schleswig-Holstein, das angeblich zu einem Flottenbesuch angelegt hatte und das nun die Westerplatte beschoss. Zunächst dachte man an ein Gewitter, aber unsere polnische Kinderfrau, die vom Dachboden aus Richtung Ostsee geschaut hatte, schrie: „Es ist Krieg!". Am nächsten Tag gehörte der Freistaat Danzig zu Nazideutschland.
Und schon an diesem 2. September wurde der Vater meiner Nachbarsfreundinnen „abgeholt". Er war Professor am polnischen Gymnasium und Abgeordneter der polnischen Minderheit im Parlament, dem Volkstag. Und wie alle Danziger Polen sprach er fließend Deutsch. Pan Święchocki kam in das Konzentrationslager Stutthof, das die Gefangenen nahe Danzig in einem Kiefernwald selber aufbauen mussten, und ist schon Ende des Jahres gestorben, obwohl er zuvor kerngesund war.

Sie hatten auch jüdische Nachbarn.

Unsere Nachbarn rechts waren alte Danziger Kaufleute, dass sie auch Juden waren, kam eigentlich erst zum Ausdruck, als sich die politischen Ereignisse und die Verfolgung im Reich herumsprachen. Wir Kinder gingen dort aus und ein und nannten sie Onki und Tanti. Ich erinnere mich noch genau, dass mein Vater immer wieder auf den Nachbarn einredete, um ihn zur Auswanderung nach Palästina zu bewegen, aber Krauses wollten es einfach nicht glauben. Sie meinten, sie seien doch alte Danziger Bürger und hätten niemandem etwas getan. Sie blieben also und sind dann ins Warschauer Getto verschleppt worden

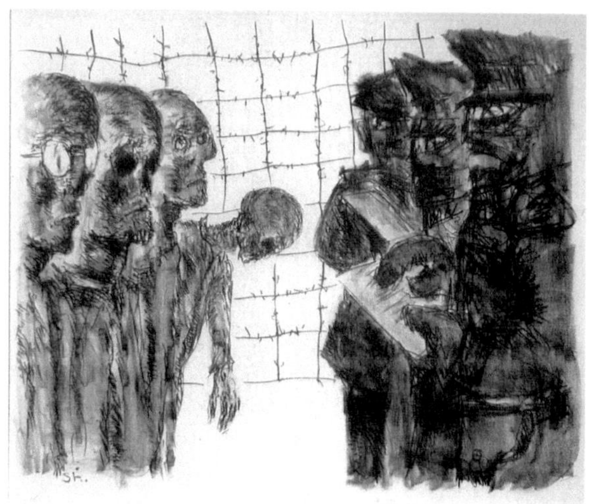

Aus dem Künstlerbuch PASSIO POLONIAE, 1971
In der Lithographie-Folge PASSIO POLONIAE entstanden neun Arbeiten, in denen die Künstlerin die Erinnerung und das Wissen um die grauenvollen Ereignisse im Konzentrationslager Stutthof bei Danzig verarbeitete.
„Bei jedem Schritt das Wissen, du trittst auf Knochenreste, gehst in Menschenasche. Es ist heiß und trocken, der Himmel ausgezehrt von Sonnenglast. Eigentlich müsste der Kiefernwald duften, der sich in all den Jahren einen Teil des Lagerareals zurückgeholt hat, aber es riecht nur verbrannt."
KZ-Gedenkstätte Stutthof bei Gdańsk

und kamen dort um, mitsamt ihrem Sohn, der als Klarinettist sogar ein Angebot für das Theater in Tel Aviv gehabt hatte. Aber ehe die jüdischen Danziger verfolgt wurden, hat man auf Grund lange vorbereiteter Schwarzer Listen die Danziger Polen abgeholt.

Als dreizehnjähriges Mädchen erlebten Sie in Ihrer nächsten Umgebung viel Schmerzvolles und Unbegreifliches. Erinnern Sie sich, wie es Ihnen persönlich ging?

Mich hat das damals alles durchaus erschüttert, und der Konflikt war programmiert, in den mich das eigene Miterleben stürzte im Hinblick auf die zusehends faschistisch werdende Umgebung, seien es die Klassenkameradinnen, BDM-Mädchen oder die neu einziehenden Nachbarn. Ständig war ich in der Schule und im Freundinnenkreis auf dem Quivive, nur nichts Falsches zu sagen. Das Wissen um die schrecklichen Dinge im KZ Stutthof vergiftete in gewissem Sinne mein Leben, es war ein ständiges Hin und Her zwischen musischen und sonstigen geistigen Beschäftigungen, die mir sehr lagen, und der Auseinandersetzung mit diesen Ereignissen, die ich für mich selbst durchfechten musste, denn meine Eltern hatten genug Sorgen, ich wollte sie nicht noch mit meinen Problemen belasten. Meine zwei jüngeren Schwestern wurden sowieso herausgehalten, sie hätten sich ja draußen verplappern können.
Kein Wunder, dass ich die obligatorische Tanzstunde, das „Herumgehüpfe mit Fähnrichen" – wie das mein Vater nannte – einfach dämlich fand, und dass ich mich, wo es ging, vor BDM-Veranstaltungen drückte. Ich kann sagen – und ich war damals recht stolz darauf,

obwohl von allen geschmäht –, dass es mir gelang, nicht ein einziges Mal mitmarschieren zu müssen. Ich hasste die uniformierten Mädchen und Jungen, die in Kolonnen auf den Straßen oder durch die Landschaft marschierten, hasste die Aufmärsche zu Führerbesuchen und fand immer eine Möglichkeit, nicht mitzumachen. Einige Bekannte meiner Eltern sind in KZs umgekommen. Manches haben wir erst später nach dem Krieg erfahren können. Ich glaube, dass all diese relativ früh aber sehr bewusst erlebten Dinge mein Leben und meine Weltsicht wesentlich geprägt haben.

Wie war die Haltung Ihrer Eltern?

Politisch war das Leben durch die antifaschistische Haltung meiner Eltern bestimmt. Sie hielten zu jüdischen Bekannten und Anwaltskollegen meines Vaters; sogar unter Gefährdung ihrer eigenen Existenz. Meinem Vater war es gelungen, aus dem KZ Stutthof drei nahe Verwandte unserer Kinderfrau herauszuholen. Eine Tat, die viel Zivilcourage forderte, aber sie gelang eben!

Hat sich der Freundeskreis Ihrer Eltern während des Kriegs verändert oder teilte man anhaltend die gleiche Meinung?

Meine Eltern haben zweimal einen Sozialdemokraten bei uns im Keller versteckt, der von der Truppe desertiert war. Für uns Kinder sollte das „Onkel Artur“ sein, den wir nie hatten. Nach außen durfte nichts davon dringen. Der Freundeskreis hielt dicht. Es gab da nur einen Herrn, der der SA beigetreten war, weil er als Freizeitreiter gern sein Pferd behalten wollte. Das hat allerdings die Freundschaft sehr getrübt.
Nachts wurden heimlich ausländische Radiosender gehört, mit Decken über dem Kopf, damit der SS-Mann, der das Nebenhaus der Polen okkupiert hatte, nichts merken konnte. So erfuhren wir 1944, dass die UNO gegründet wurde. Mir ist im Gedächtnis, wie sehr mein Vater das begrüßte. Er sagte, er habe stets kosmopolitisch gedacht und gehandelt; nun werde es keine Kriege mehr geben, und den Verfolgten werde die ausgleichende Gerechtigkeit zuteil werden, an die er glaubte. Die neue Weltregierung werde hoffentlich wirksamer sein als der Völkerbund.

... Ihre Familie sah also mit großer Hoffnung der Befreiung durch die Rote Armee entgegen.

Mein Vater kramte sogar sein Lehrbuch aus dem Ersten Weltkrieg hervor, um wieder etwas Russisch zu lernen. Meine Mutter teilte in allem die politische Einstellung meines Vaters. Ihr Beruf als Apothekerin zeigte sich nun segensreich. Sie musste nicht in irgendeine kriegswichtige Einsatzarbeit, sondern konnte in der Ratsapotheke arbeiten, die ihrer Studienfreundin gehörte. Das war gegen Kriegsende besonders wichtig. Danzig wurde bekanntlich Ende März zerstört, als die Stadt, die voller Flüchtlinge aus Ostpreußen war, zwischen den Fronten zerrieben wurde. Die Deutschen schossen vom Meer in die Stadt und die Russen eroberten sie von den Hügeln aus. Sehr bald kam ein hoher Offizier zu uns und fragte, ob meine Mutter wisse, wo man Medikamente finden könne. Zur Verwunderung der Leute fuhr sie mit den Russen ins Stadtzentrum und konnte sagen, wo in den zerstörten Apothekenkellern vielleicht noch etwas zu finden war. In der Ratsapotheke haben dann sofort Soldaten den Keller freigeschaufelt, und es konnten viele Arzneien und Geräte geborgen werden. Meine Mutter hat dann auch mit Sanitätsoffizieren alles identifiziert und dem Gebrauch zugeführt. Daraufhin haben uns die Russen mehrmals als Dank mit Lebensmitteln versorgt. Dies wiederum erregte den Neid der Leute in unserem Viertel.

Sie haben seit Ende 1945 nicht mehr in Danzig gelebt, aber die Stadt und Bekannte viel später besucht. Hat jemand aus Ihrem Kreis diese Zeit überlebt?

Meine drei Kindheitsfreundinnen – die polnischen Nachbarskinder – haben überlebt. Ihnen ging es auch nicht gut, sie wurden auch verschleppt, aber sie überlebten mit ihrer Mutter und waren nach dem Krieg wieder in ihr Haus zurückgekehrt. Ich habe sie dann ab 1970, als das politisch möglich war, immer wieder besucht. Und die Freundschaft besteht bis heute noch. Das ist eine sehr prägende Sache, deshalb hat Polen für mich einen besonderen Stellenwert als Land.

Wie ist Ihr persönliches Verhältnis heute zu Danzig bzw. zu Polen?

Die Entwicklung des Landes verfolge ich mit Interesse. Und meine Bewunderung für Polen ist groß. Bald nach dem Krieg haben die Polen den Wiederaufbau Danzigs beschlossen. Diese Entscheidung ist bemerkenswert, da ein großer Teil der Bevölkerung, besonders die Intelligenz, der deutschen Besatzungspolitik zum Opfer gefallen ist. Man hat die Altstadt im historischen Stil wieder aufgebaut; das ist schon eine unglaubliche Kulturleistung. Meine Freundin Lucja, Studentin der Medizin, ist damals in hochschwangerem Zustand noch auf dem Baugerüst gestanden bei der Reparatur einer Patrizierhausfassade.

Aus heutiger Sicht ist es eher ungewöhnlich, dass auch Frauen einen Hochschulabschluss hatten – so auch Ihre Mutter als Apothekerin. Das muss am Anfang des 20. Jahrhunderts gewesen sein, damals haben sicherlich wenige Frauen studiert.

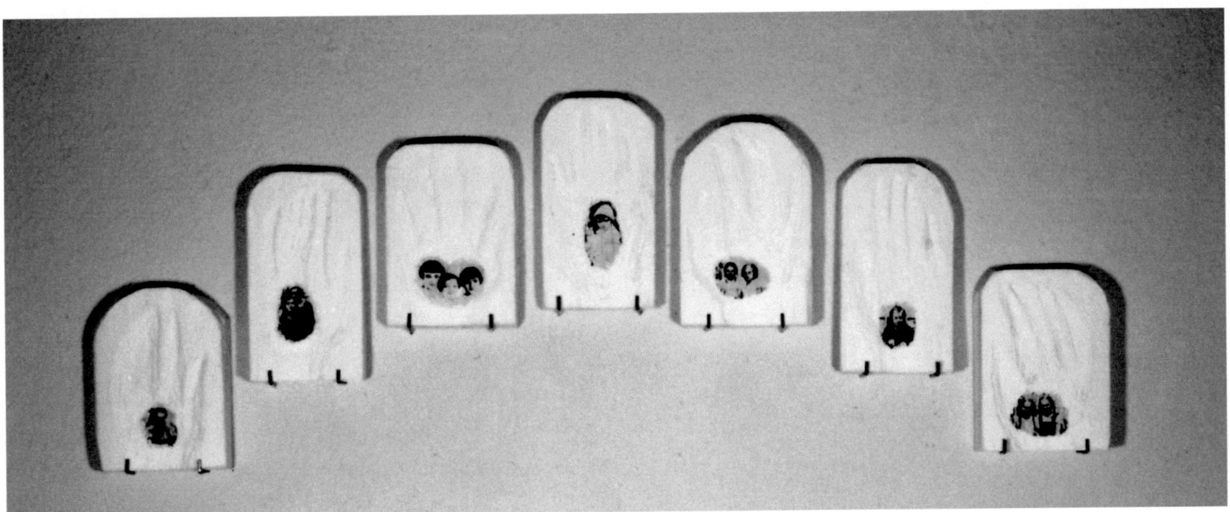

Die Jahre der Unschuld, 1997. Wandinstallation. Bücher, Dispersionsfarbe, Fotos, Mauerhaken, 60 x 100 x 3 cm. In hohl herausgearbeiteten Händen sind Kinderfotos geborgen, die die vier Schwestern Hoffmann (3. und 4. Buch) und Freundinnen zeigen, darunter die Töchter der polnischen Nachbarn.

Ja. Sie hat in Marburg studiert, das war – sie ist 1897 geboren – 20 Jahre später um 1917. Es gab Professoren, die vor dem Beginn der Vorlesung sagten: „Sobald die Damen den Saal verlassen, beginne ich meine Vorlesung." Ja...das war wirklich so. Die Jungen waren zum Teil sehr kameradschaftlich und haben für die Mädchen mitgeschrieben. Meine Mutter erzählte gerne von den Marburger Jahren.

Das heißt, das Studium konnte sie auf jeden Fall abschließen?

Ja. Sie wurde auch von ihren Eltern unterstützt. Auch meine Großmutter hatte einen Beruf. Sie war Erzieherin und hat vor ihrer Heirat bei Gutsbesitzern in Polen gearbeitet. In unserer Familie war es klar, dass auch wir Töchter einmal etwas lernen oder studieren werden. Ein Vorbild war für mich meine geliebte Patentante, die beste Freundin meiner Mutter, die Prokuristin bei der Germania-Brotfabrik war und sogar einen Dienstchauffeur hatte. Während die meisten Damen der so genannten besseren Gesellschaft nach dem Kriege in Westdeutschland putzen gehen mussten, konnten sich diese Frauen ein neues Leben aufbauen. So hat meine Mutter in Mainz als Apothekerin gearbeitet und sich nicht zuletzt durch ihren Beruf auch einen ihr genehmen Lebenskreis geschaffen.

Ihr Vater, Dr. Otto Hoffmann, war in Danzig Rechtsanwalt und Notar. Seine Eltern verlor er relativ früh, so dass Sie Ihre Großeltern väterlicherseits nicht kannten. Wie haben Sie Ihren Großvater mütterlicherseits in Erinnerung?

Den Großvater Zander haben wir geliebt. Er war Lehrer am traditionsreichen Akademischen Gymnasium, später St. Johann, das schon Schopenhauer besucht hat. Er verstand es, uns Kinder zu begeistern. Über meinen Urgroßvater Niemann fällt mir etwas Interessantes ein, und zwar, dass ich mütterlicherseits eigentlich aus einer Seefahrerfamilie stamme, die bis ins 17. Jahrhundert verfolgt werden konnte. Mein Urgroßvater war in Danzig Reeder und besaß eine große Dreimastbark. Dann hat er einen eleganten Ozeanliner auf Kiel gelegt, den Dampfer Julius Cäsar, der regelmäßig die Nordatlantikroute fuhr. Er hatte sechs Töchter und einen Sohn, der allerdings über Bord ging und ertrank. Damals galt noch der Wahlspruch „Sailors must not swim."
Mein Urgroßvater nahm dann immer zwei seiner Töchter mit, soweit sie nicht verheiratet waren. So ist meine Großmutter auch in Fernost, im Mittelmeerraum und in Amerika gewesen, und wir Kinder bestaunten die exotischen Gegenstände, die sie von den Reisen mitgebracht hatte. Die Julius Cäsar ist einmal vor Neufundland mit einem Eisberg kollidiert. Im Logbuch meiner mitfahrenden Großmutter fanden wir den Eintrag „Es rüttelte fürchterlich und ich sprang vor Schreck in die Badewanne". Uns war unklar, wie man in eine Badewanne springen könne. Auf diese Weise erfuhren wir, dass auf der Julius Cäsar die Badewannen für Fahrgäste in den Boden eingelassen waren. Ein unerhöhter Luxus! Meine spätere Reiselust könnte von diesem Familienzweig stammen.

In einem unserer Gespräche erzählten Sie, dass Sie in einem kunstsinnigen Elternhaus aufgewachsen sind. Wie kann man sich ein solches Zuhause vorstellen?

Aus der frühen Kindheit ist mir etwas gegenwärtig. Ich ging noch nicht zur Schule, aber ich benutzte die Schiefertafel meiner ältesten Schwester (wir waren vier Mädchen, die Älteste starb leider schon mit zwölf Jahren 1936), um darauf einen Kirschbaum zu zeichnen, wie er im Garten stand. Mein Baum hatte weiße Blüten, aber zugleich auch runde rote Früchte. Stolz zeigte ich die Tafel meinem Vater, als er mittags aus der Kanzlei kam, und er bewunderte sie. Meine Großmutter hingegen fand

es doch unnatürlich, dass zugleich Blüten und Früchte am Baum seien. Und meine Schwester schimpfte mich aus.
Übrigens wurde mein „Kunstwerk" selbstverständlich wieder ausgewischt, denn die Schultafel wurde gebraucht. Sie wurde nicht etwa als Reliquie aufbewahrt, wie man es heute tun würde. Ich habe aber besonders von meinem Vater später viel Verständnis erfahren.

Gab es Künstler, die in Ihrem Elternhaus ein- und ausgegangen sind oder sogar Abende, an denen man zusammenkam?

Ob im Hause Künstler verkehrten, weiß ich nicht. Aber mein Vater kaufte Kunst und ließ sich von Niels von Holst beraten, der als Kunsthistoriker nicht nur in Königsberg wirkte, sondern auch in Danzig. Meine Eltern müssen ihm im ostpreußischen Nidden an der Ostseeküste begegnet sein, wo sie gelegentlich die Sommerferien verbrachten, obwohl wir ja genügend schöne breite Strände fast vor der Haustür hatten.
Ich habe erst später entschlüsselt, was es mit dem großen Aquarell von Pechstein, das mein Vater kaufte, auf sich hatte. Es stellt den so genannten Italienblick dar, den Thomas Mann von seinem in Nidden gebauten Sommerhaus hinunter auf das Kurische Haff genossen hat. Die pinienartigen Kiefern, die steile Küste und das zu Recht berühmte Blau des Himmels wurden von den Malern der dortigen Künstlerkolonie als geradezu südländisch empfunden. Dieser Blick, den ich bei Litauenaufenthalten ab 2000 für mich entdeckte und in mein Projekt EUROMARE einbezog, war von etlichen weltberühmten Expressionisten gemalt worden.
An diesem Bild wie auch an einem kleinen Ölbild von Franz Marc, auf dem drei Pferde, grün, orange und grau, übereinander gemalt waren, erläuterte mir mein Vater die moderne Kunst. Im Elternhaus gab es auch ein kleines Bild betrunkener Weiber aus dem Barock und eines, das einen nackten Mann, sitzend auf einem Fensterbrett, in der Hand eine exotische Korbflasche, darstellte und von uns Mädchen nicht näher betrachtet werden wollte.
Meine Mutter, die die Musik liebte und eine ausgebildete Altstimme hatte, besaß eine große Kopie von Menzels „Flötenkonzert" mit Friedrich dem Großen als Solist sowie einen Stich nach einem großen Bild „Mozart am Klavier, den Don Giovanni das erste Mal vorstellend", in dem der auch von mir geliebte Komponist von einigen Hofschranzen umgeben war. Er war im Schlafzimmer so aufgehängt, dass meine Mutter ihn vom Bett aus sehen konnte. Daneben hing ihre Laute aus der Studentenzeit; sie sang mir mit ihrer Begleitung Studentenlieder vor. Kein Wunder, dass mir eine so heitere Studienzeit erstrebenswert schien.

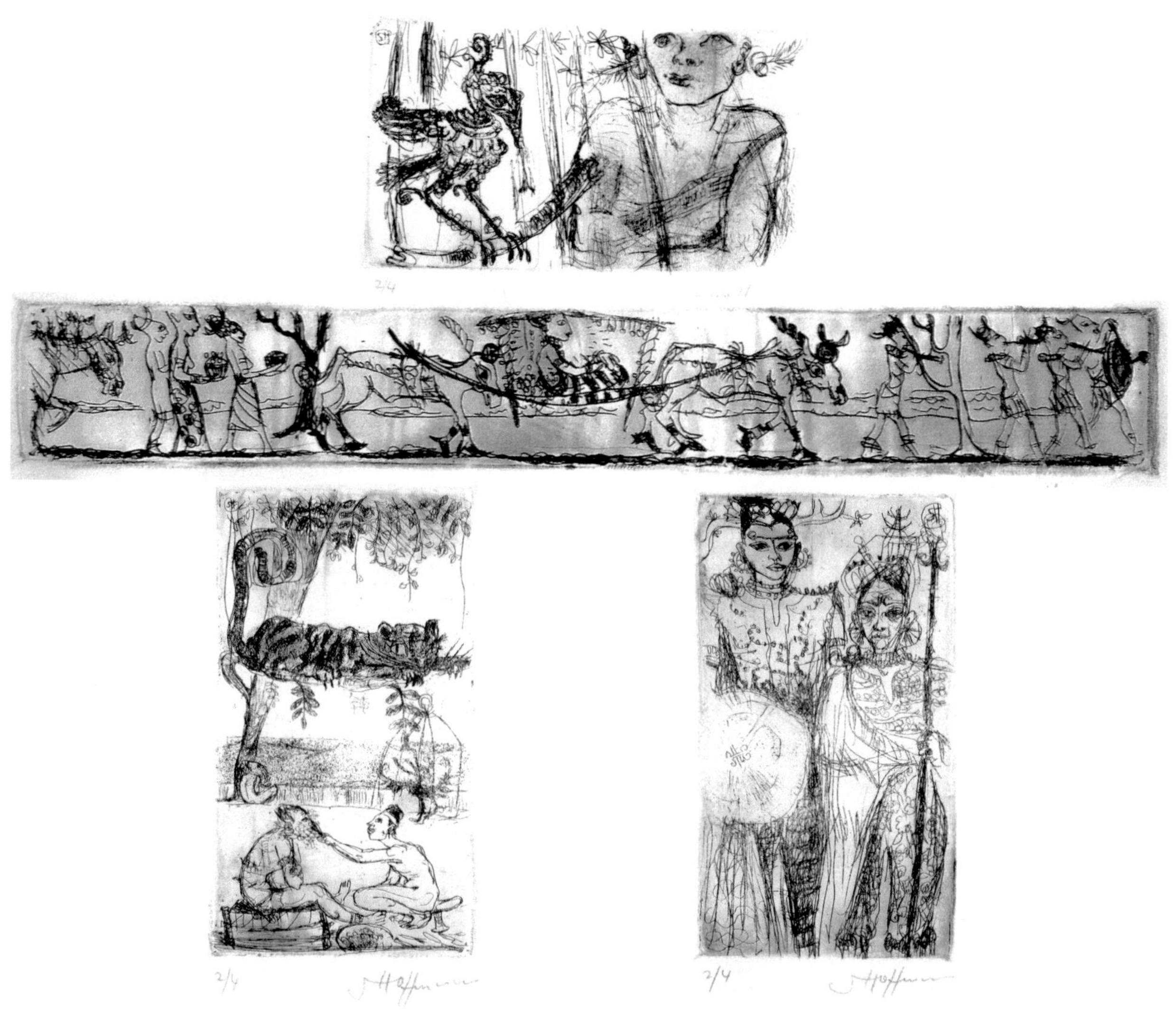

Aus dem Malerbuch zu Max Dauthendeys *Geschichte des Beovogels*, **1949**
Ätzradierungen, gedruckt auf federleichtem geräuschlosem Programmpapier

Über Wege und Umwege

Ende 1945 haben Sie mit Ihrer Familie die zerstörte Heimatstadt Danzig verlassen und sind nach Westdeutschland gekommen.

Wir sind nicht im eigentlichen Sinne vertrieben worden. Allerdings wurde mein Vater von den Russen verschleppt, was im Hinblick auf seine politische Einstellung geradezu absurd war. Aber die polnische Verwaltung stellte uns anheim, zu bleiben oder zurück zu kommen nach Danzig, das nun Gdańsk hieß, sobald mein Vater zurückkehren werde.
Meine Mutter hatte in Westdeutschland Studienfreunde. So kamen wir zunächst nach Krombach im Kreis Siegen und wohnten in der Landapotheke, wo meine Mutter mitarbeitete, nachdem sie von einer Kriegsverletzung genesen war. Und da ergab es sich, dass sie im Apothekerblatt eine Stellenanzeige für Mainz las. Der Chef der Marienapotheke im zerstörten Mainz war in der Tat ein guter Studienfreund, er hat sie sofort eingestellt und ein Zimmer für uns alle vier besorgen können. Meine Mutter konnte sich in Mainz einen neuen Lebenskreis aufbauen. Mein Vater war nicht zurückgekehrt, und es gab keine Spur von seinem Verbleib, so dass meine Mutter ihn eines Jahres für tot erklären lassen musste.

Sie sind nicht lange in Krombach geblieben. 1947 hatten Sie das Glück, ein Studium der Freien Graphik an den Kölner Werkschulen zu beginnen. Wie kam es gerade zu Köln als Studienort?

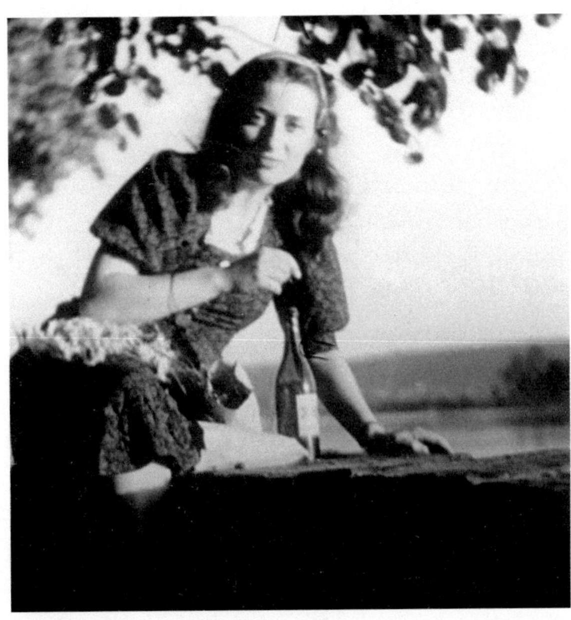

Als Studentin am Rheinufer, 1949
(Foto: Hilde Gütermann)

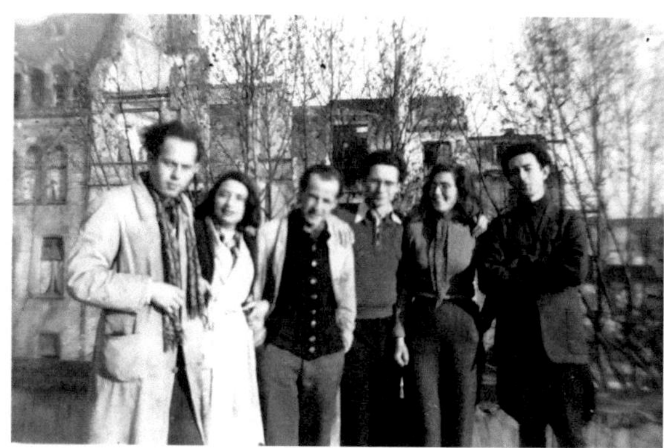

Die Künstlerin (2. v. li.) als Studentin mit Kommilitonen in Köln, 1948

In Köln hatte sich nach dem Krieg besagter „Onkel Artur", den meine Eltern im Keller versteckt hatten, niedergelassen, um dort seinen Doktor zu machen, was er in der Nazizeit nicht durfte. Auf Umwegen über unsere polnischen Freunde hatte er unsere Krombacher Anschrift erhalten und uns jede mögliche Hilfe angeboten. Da er als politisch Verfolgter zu der englischen Besatzungsmacht guten Kontakt hatte, erreichte er, dass mir als Tochter eines Antifaschisten ein Stipendium für die Kunstschule gewährt wurde. Ohne das wäre ein Umzug nach Köln, geschweige denn ein Kunststudium, unmöglich gewesen.

Wie kann man sich einen Studienort in einer zerstörten Stadt wie Köln vorstellen? Sie haben sich dort hauptsächlich druckgraphische Techniken angeeignet, gab es eine ausreichende Einrichtung in den Werkstätten der Hochschule?

Die Schule war zum Teil zerstört, und wir mussten beim Aufbau helfen. Die Jungen mussten aufmauern, mir fiel die Arbeit des „Bewerfens" und Anstreichens zu. Die Unterrichtsmöglichkeiten waren beschränkt, viele Lehrkräfte waren natürlich Nazis gewesen und erhielten vom britischen Kulturoffizier keine Lehrgenehmigung. Freie Graphik unterrichtete Professor Alfred Will. Die druckgraphische Werkstatt war benutzbar, und so habe ich mit viel Freude Radierung, Holzschnitt und vor allem Lithographie gemacht, alles im Kleinformat, da Papier knapp war. Wir Studierende waren voller Hoffnung auf die Zukunft. Es war uns klar, dass es nun ein besseres, ein demokratisches Deutschland geben müsse. Als politische Orientierung kam für mich – nicht ohne Anregung durch „Onkel Artur" – nur die Sozialdemokratie in Frage. Ich trat in den Sozialistischen Deutschen Studentenbund (SDS) ein und habe die Illustrationen zu unserem Studentenblatt mit dem anspruchsvollen Titel „Die Aufklärung" gefertigt!

Wohnte man damals auch in Studentenwohnheimen oder in Wohngemeinschaften?

Ich wohnte als Untermieterin bei dem Ehepaar Mayer in einem Haus, das von der Besatzungsmacht für überlebende Verfolgte zur Verfügung gestellt worden war. Frau Mayer war Jüdin, ihr einziges Kind war bei einem Luftangriff umgekommen, und das Ehepaar wurde dann in ein Arbeitslager verschleppt. Durch jüdische Mitbewohner erfuhr ich nun aus erster Hand einiges über das Leben und Überleben in Theresienstadt und Auschwitz. Und ich lernte beim SDS auch überlebende Studenten kennen, denen nach der Gründung der Bundesrepublik, als die Besatzungsbehörde nicht mehr das Sagen hatte, die Studiengenehmigung entzogen wurde, weil sie Kommunisten waren! Damals begann das, was man „die Verfolgung der Verfolgten" nennen kann.

Sie kamen auf Grund der Mitgliedschaft beim SDS für zwei Jahre nach Paris.

Es waren die sozialistischen Studenten, die von Frankreich aus, als erste sozusagen, die Hand über den Rhein ausstreckten, weil sie der Meinung waren, dass nicht alle jungen Deutschen Kriegsverbrecher oder Nazis waren. Ich nahm an dem großen Treffen teil, das Ende 1949 in Grenoble stattfand, und konnte dort, dank meiner Französischkenntnisse, gute Kontakte anknüpfen. Man lud mich ein, anschließend nach Paris zu kommen. Daraus wurde ein Aufenthalt von zwei Jahren, und es sind Freundschaften entstanden, die bis heute anhalten. Es war ein überwältigendes Erlebnis, die Kunstmetropole Paris in Ruhe kennen zu lernen und nicht als Touristin die Museen „abzuklappern". Eine Identitätskarte für diesen langen Aufenthalt erhielt ich, weil ich mich zum Studium eingeschrieben hatte, allerdings nicht an der Kunstakademie – da wurde ich abgelehnt –, sondern an dem Institut für Orientalische Sprachen. Da besuchte ich Russischkurse, weil es leider kein Polnisch gab.

Wie konnten Sie sich finanziell über Wasser halten?

Ich wohnte bei einer deutschen Jüdin, die vor dem Krieg hierher gezogen war, und konnte für sie Übersetzungen auf der Maschine tippen. Eine weitere, sehr spannende und gut bezahlte Tätigkeit fand ich durch meinen Freund, der als Graphiker beim Film in den Studios von Boulogne-Billancourt arbeitete. Dort wurden Leute gesucht, die akzentfrei Deutsch sprachen und bei der Postsynchronisation neuer Filme eingesetzt wurden. So durfte ich zum Beispiel Berliner Trümmerfrauen und typisch deutsche Muttis nachsprechen, aber auch böse BDM-Führerinnen oder leichte Mädchen, die sich mit Besatzungsoffizieren einließen!

Haben Sie in Paris auch künstlerisch gearbeitet?

Künstlerisch habe ich in diesen Jahren wenig geschaffen, ich konnte einfach nicht gegen all die großen Künstler der Welt anmalen, deren Werke ich sah. Immerhin bin ich einmal, wenn auch indirekt, Pablo Picasso begegegnet. Lithographien hat er oft in der berühmten Druckanstalt von Fernand Mourlot auf dem Montmartre geschaffen. Er hatte dort einen abenteuerlichen Arbeitsplatz in halber Höhe der weiträumigen Halle, von wo aus man den gesamten Druckbetrieb überblicken konnte.
Ich durfte einmal hinaufklettern, aber Mourlot sagte: „Wenn Sie einen dreimaligen Pfiff von unten hören, müssen Sie sofort die Hintertreppe benutzen, denn der Meister ist im Anmarsch." Es lag damals auf der Arbeitsplatte ein großer Stein, auf den Picasso mit Fettkreide einen eigenen Text geschrieben hatte – natürlich seitenverkehrt. Außen herum waren angedeutete florale Motive skizziert. Leider ertönten sehr schnell drei Pfiffe…
Ich habe später das berühmte Malerbuch, zu dem diese Lithographie gehörte, in der Staatsgalerie Stuttgart durchblättern dürfen und konnte es auch meinen Studenten der Merz-Akademie zeigen. Ich verschwieg ihnen nicht mein „Picasso-Erlebnis".

Sie hätten große Schwierigkeiten bekommen können, weil Ausländer nicht arbeiten durften.

In der Tat, die Fremdenpolizei kam mir auf die Schliche und verwarnte mich. Hätte ich geheiratet, wäre das Problem gelöst. Aber ich war mir inzwischen klar darüber geworden, dass ich keine Ehe eingehen wollte. Und dabei blieb es dann ja auch. Ende 1952 bin ich nach Deutschland zurückgekehrt.

Gab es in den 1950er Jahren in der Bundesrepublik Möglichkeiten, mit freier Kunst seinen Lebensunterhalt zu finanzieren?

Eigentlich kaum. Ich versuchte es daher in Ostberlin, wo man damals noch hinkonnte, und hätte in der Charité als medizinische Zeichnerin anfangen können, ebenso interessierte sich ein bekannter Verlag für meine Illustrationen. Aber ich musste feststellen, dass sich auch der Geheimdienst dafür interessierte, was Westdeutsche hierher führt. Und so ging ich zunächst nach Mainz zurück.
Fremdsprachen haben mir immer wieder geholfen. Ich hatte gelegentlich etwas Schwedisch gelernt, und so bewarb ich mich bei der Skandinavischen Fluggesellschaft SAS in Frankfurt, die mich tatsächlich sofort einstellte, allerdings nicht als Stewardess, sondern auf dem Flughafen in der Luftfrachtabteilung. Ich konnte mich in diese rein technische Tätigkeit rasch einarbeiten, auch durch den Besuch von Kursen, die regelmäßig in Stockholm, Oslo und Kopenhagen stattfan-

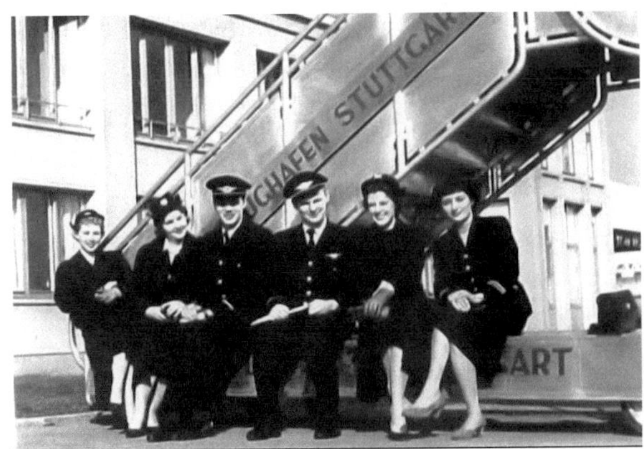

Sabine Hoffmann (r.) mit Mitarbeitern und Flugpersonal des SAS am Flughafen Stuttgart, 1958

den. 1956 ergab sich die Gelegenheit, nach Stuttgart überzuwechseln, und dort übernahm ich bald die Leitung der Frachtabteilung.

Diese völlig berufsfremde Tätigkeit hatten Sie insgesamt neun Jahre ausgeübt. Wie ging es damals mit der Kunst?

Ich konnte während dieser Zeit so gut wie gar nicht künstlerisch arbeiten und mich nicht einmal innerlich frei mit Kunsterlebnissen und Museumsbesuchen beschäftigen. Immerhin hatte ich eine sehr verantwortliche Tätigkeit am Flughafen, denn von der korrekten Beladung der Passagier- oder Frachtmaschinen hing die Flugsicherheit ab, für die ich dem jeweiligen Captain gegenüber verantwortlich war. Die Kunst musste aus dem Kopf verdrängt werden.

Es gab aber doch wenigstens einen großen Vorteil: Sie konnten im Urlaub gratis mit der SAS überall hinfliegen. Wer konnte das schon damals, als es den billigen Massentourismus noch nicht gab?

Ja, das ist richtig. Ich war immer, wohin ich auch flog, in Verbindung mit dem örtlichen SAS-Büro. Ich erhielt von den Kollegen alle Informationen, lernte dort Menschen kennen und gelangte auch an Orte, die nicht für Touristen bestimmt waren. Ich reiste nur mit einem winzigen französischen Blechkoffer, den die Soldaten „Cantine“ nannten, und einer Handtasche, kam also bequem überall ohne Helfer hin.
In Mexiko City wohnte ich bei einer jungen Frau, die stolz auf ihre Inka-Herkunft war. Sie führte mich zu allen einschlägigen Kulturstätten und zu öffentlichen Gebäuden mit Freskenkunst von Rivera, Orozco, Siqueros und anderen. Interessanterweise war damals nirgends von einer Frida Kahlo die Rede. Von ihr erfuhr ich erst viel später, als ich Dozentin an der Merz-Akademie in Stuttgart war. Bezeichnenderweise hat mir eine französische Studentin die Kahlo-Biographie von Hayden Herrera in die Hand gedrückt; das war für mich eine Offenbarung, ebenso die Werke

von ihr, die ich viel später beim Kunstsammler Reinhold Würth im Original sah.

Ähnlich wie es Oscar Wilde formulierte, dass „Reisen veredelt den Geist und räumt mit all unseren Vorurteilen auf", könnte man auch Ihre Reiseerfahrungen beschreiben. Während dieser neun Jahre berufsfremder Arbeit haben Sie viele Länder bereist und viele außereuropäische Kulturen und Menschen kennengelernt, zum Beispiel in Nah- und Fernost und in Afrika. Das sind Erfahungen, glaube ich, die nicht nur Ihre Weltanschauung, sondern auch Ihre ganz persönliche Wesensart, dem Unbekannten und Neuen gegenüber immer offen und neugierig zu sein, wesentlich beeinflusst haben. Die Begegnungen in fremden Ländern prägten sicherlich – wenn auch unbewusst – Ihre spätere künstlerische Arbeit.
Welche Eindrücke haben sich bei Ihnen besonders eingeprägt?

Ich gestehe, dass mir Japan, so faszinierend es damals noch war, innerlich fremd geblieben ist. Die überaus große Pracht der religiösen Stätten und der Kontrast von religiös gebotener Ruhe, ja Stille und dem irrsinnig hetzenden Menschengewimmel waren befremdlich. Und das scheint heutzutage ja noch ausgeprägter zu sein.
In Südafrika hingegen hat mich der ruhige, von der täglichen Arbeit bestimmte Tagesablauf meiner Gastgeber beeindruckt. Es waren aus Ostpreußen stammende Juden, die sich dort nach der Auswanderung eine Farm aufgebaut hatten. Ohne je Landwirtschaft gelernt zu haben, knieten sie sich in die Arbeit und hatten Erfolg mit dem Orangenanbau und weiteren Feldfrüchten. Sie sorgten für ihre Arbeiter, betreuten sie bei Krankheit, achteten darauf, dass ihre Kinder zur Schule gingen, weil sie der Ansicht waren, dass nur Ausbildung den Schwarzen Chancen öffnete, ihre Sache einmal in eigene Hände zu nehmen. Ich bin mit diesem Ehepaar lange in Verbindung gewesen und weiß, dass sie über die Abschaffung der Apartheid sehr froh waren.
In Rustenburg, Transvaal, lernte ich auch das Innere der weltgrößten Platinmine kennen, weil diese Freunde es möglich machten, dass wir einmal dort einfahren konnten. Da ich in meiner Kölner Studienzeit schon einmal im Ruhrgebiet mit einer SDS-Delegation eingefahren war, konnte ich den Unterschied der Arbeitsbedingungen hier und dort ermessen.
In Indien haben mich 1958, in der Millionenstadt Kalkutta, das Gefälle zwischen arm und reich, die Kastentrennung und die politische Apathie der großen Schicht der „Unberührbaren" erschreckt. Im Flugzeug lernte ich, übrigens wie schon 1956 in Ägypten, deutsche Ingenieure kennen, die keinen Zweifel daran ließen, dass „wir denen nun mal zeigen müs-

sen, wo es langgeht". In der Entwicklungspolitik war damals noch keine Rede von der nötigen Hilfe zur Selbsthilfe.
Im Nahen Orient, den ich schon 1956 bereiste, herrschte eine Art Aufbruchstimmung. In Syrien war man dabei, Teile der Wüste für die Landwirtschaft fruchtbar zu machen, im Libanon herrschte zwar Zorn über die Vertreibung von Palästinensern, die hier nun in Lagern untergebracht waren. Aber etwas war damals nicht vorstellbar: dass es einen Bürgerkrieg zwischen Muslimen und Christen geben wird.
In Ägypten hatte man sich 1952 vom diktatorischen König Farouk befreit, und mir sagten aufgeklärte Menschen sogar, eigentlich müsse man auch die Religion (also den Islam) abschaffen, damit die Menschen endlich frei über ihr Leben entscheiden könnten. Übrigens sah man in jener Zeit kaum Frauen mit Kopfverhüllung, in den Städten jedenfalls nicht, und als Frau konnte ich ohne jegliche Gefahr sogar allein mit fremden Männern ausgehen.
Es ist tragisch zu erleben, dass sich die Zustände in vielen Ländern nicht zum Besseren gewandelt haben.

Der Ortswechsel mit der SAS von Frankfurt nach Stuttgart 1956 brachte beruflich eine ganz neue Phase, auch wenn diese noch einige Jahre auf sich warten ließ.

1962 ergab es sich, dass ich die SAS verlassen und zu der bekannten Merz-Schule in Stuttgart überwechseln konnte. Ich habe dort zunächst als Schulsekretärin gearbeitet und war dann bis 1985 Dozentin für Freie Graphik an der Merz-Akademie, die 1918 von Albrecht Leo Merz gegründet worden war.

Mit dieser Tätigkeit ging auch ein neues künstlerisches Selbstverständnis einher.

Ja, ich habe damals sehr schnell wieder frei gearbeitet, zunächst noch längere Zeit zeichnerisch. An der Akademie konnte ich eine druckgraphische Werkstatt einrichten, denn die Lithographie- und die Radierungspresse hatten im Keller die Bombardierung überstanden, und ich konnte sie wieder flott machen.

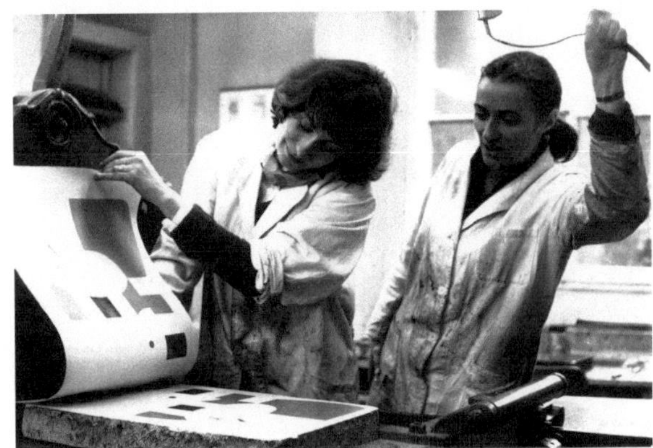

Sabine Hoffmann (r.) mit einer Studentin an der Lithopresse in der Druckwerkstatt der Merz-Akademie, 1972

Ich habe sehr gern mit Studenten gearbeitet. Die meisten hatten zuvor auf Wunsch ihrer Eltern einen „anständigen Beruf" gelernt. Ja, so war es damals immer noch. Daher konnten sie ihr Kunststudium selber bezahlen. Da sie freiwillig zu mir kamen, waren sie sehr motiviert. Die renommierte Merz-Akademie hatte Studierende aus vielen Ländern, zwischen Nordnorwegen und Afrika. Wir haben Reisen unternommen, natürlich Ausstellungen besucht und gelegentlich auch Aktionen mit politischem Hintergrund durchgeführt, die allerdings nicht zum Lehrplan gehörten. Die Lehrtätigkeit ließ mir genügend Zeit für meine persönliche Arbeit. Ich konnte damals drei große Aufträge in Kunst am Bau ausführen, denn ich hatte mich inzwischen auch der Steinplastik zugewandt.

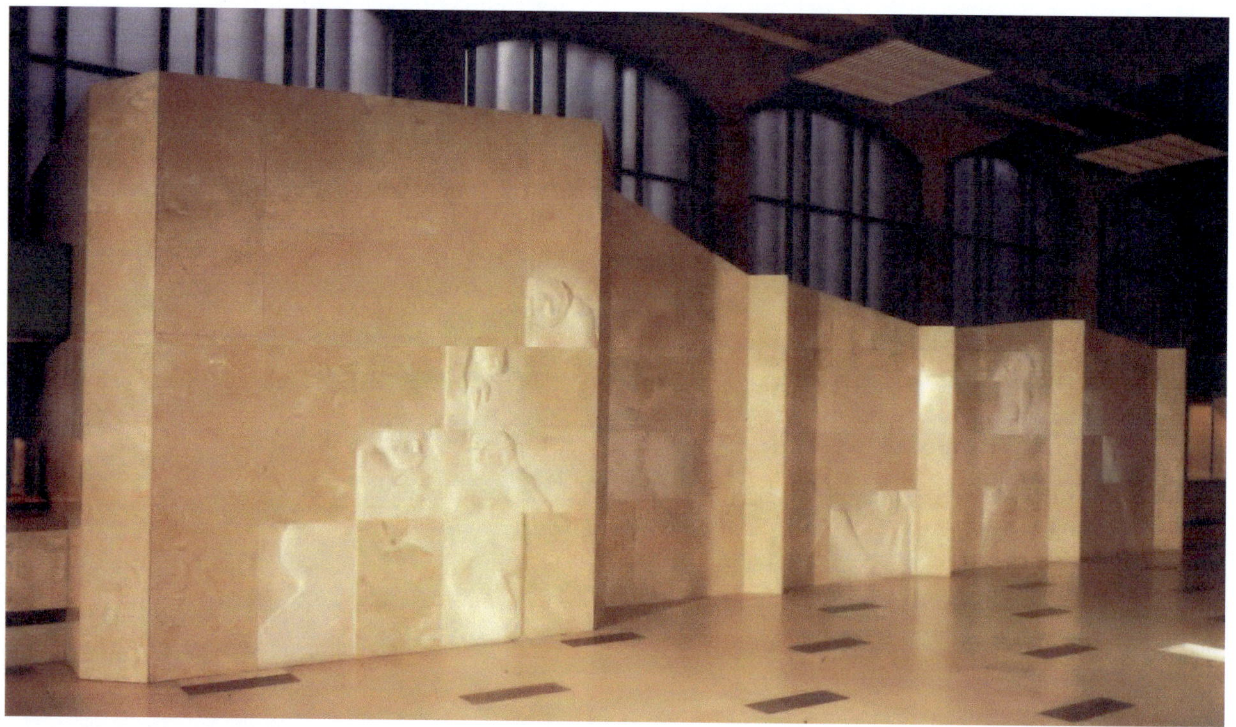

Mitmenschliche Beziehungen, 1982
in Künstlergemeinschaft mit Doris Cordes-Vollert, Hamburg. Sog. Elfenbeinmarmor.
Wandinstallation im Postamt 1 Stuttgart. Zerstört beim Umbau des Postamts, 2000. (Foto Detlef Bölsche)

Durch die Zeiten

Bei den Vorbereitungen für diese Publikation mussten Sie weit zurückblicken. Was bedeutet für Sie heute, mit Ihrem künstlerischen Werk aus beinahe 50 Jahren konfrontiert zu werden?

Ich habe selten einmal zurück geblickt. Aber heute ist es für mich interessant, einen langen Weg zu überblicken, ein spannendes stetes Voranschreiten. Das begann mit der intensiven Auseinandersetzung mit der politischen Lage in den 60er und 70er Jahren. In Zeiten des Kalten Krieges haben sich viele engagierte Künstlerinnen und Künstler öffentlich ein- und auch ausgesetzt. Die berechtigte Furcht vor einem Atomkrieg veranlasste viele Künstler in der ehemaligen Bundesrepublik dazu, mit ihrer Kunst dagegen anzugehen. Als verschworene Gemeinschaft haben wir den „Friedensmarsch" veranstaltet, zu Fuß und mit Kunstwerken „bewaffnet" zogen wir von Schwäbisch Gmünd hinauf nach Mutlangen zur US-Raketenbasis.
Auch andere politische Kunstaktionen und Ausstellungen wurden in und um Stuttgart, bis nach Berlin und sogar bis in die USA organisiert. Besonders das Projekt „Gesammelte Angst", bei dem ca. 300 Künstlerinnen und Künstler auf großformatigen Seiten aus Karton ihre Kriegsangst visualisierten. Gebunden und untergebracht in einer großen Truhe ist es im Berliner Antikriegsmuseum aufbewahrt. Zuvor wanderte es, stets begleitet von Aktionen der Künstler, durch viele Städte und es wurde sogar in Washington D.C. ausgestellt. Präsident Reagan erhielt bei seinem Staatsbesuch in Bonn persönlich Auszugsseiten aus dem Buch überreicht und hat sich dafür schriftlich bedankt.

Sie haben lange Zeit nur graphische Arbeiten geschaffen – bis auf die wenigen Ausnahmen als Malerin – und haben sich selbst auch eher als Zeichnerin gesehen und immer wieder betont, Sie kämen aus diesem Medium. Wann und warum kamen Sie überhaupt auf den Gedanken, auch dreidimensionale Arbeiten zu machen?

Ja, ich habe viele Jahre lang rein graphisch gearbeitet und meinen Umgang mit den Zeitläufen realistisch geschildert, auch in Ölbildern. Schließlich wurde mir dann klar, dass die Menschen tagtäglich im Fernsehen die Geschehnisse viel prompter und realistischer

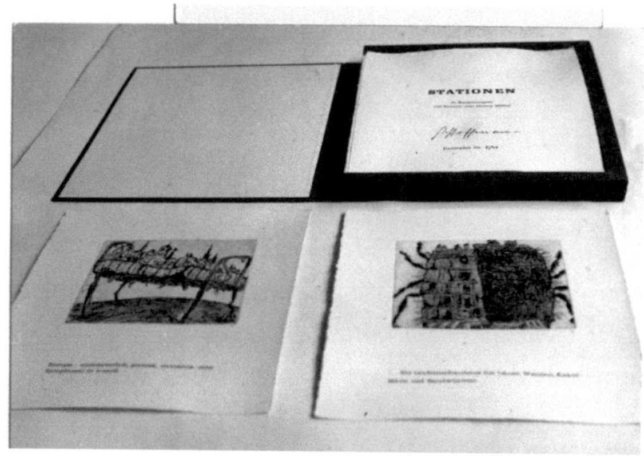

Werke aus dem Künstlerbuch „Stationen", 1971
25 Radierungen mit Textzeilen aus den „Wendekreisen" von Henry Miller, in Kassette

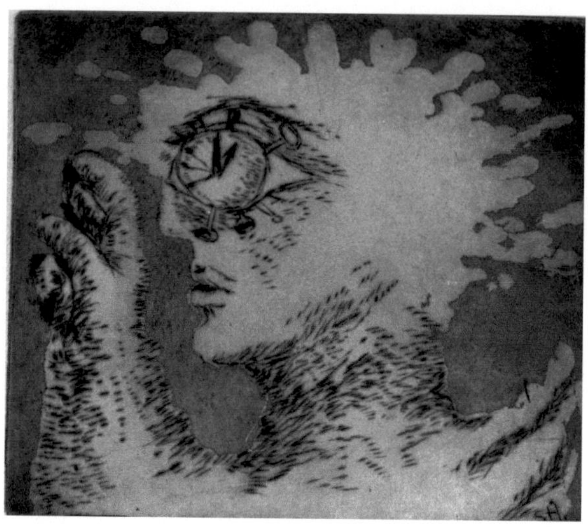

vorgesetzt bekommen. Es bedurfte also nicht mehr der künstlerischen Illustration. Daher hatte ich nach Mutlangen nicht ein Bild mitgeschleppt, sondern ich trug mit Hilfe einiger Studenten plastisch gestaltete überlebensgroße Hände, die Zeichen im Friedensmarsch auf den Berg gaben.
Meine Bildideen wurden nun freier umgesetzt, und ich erarbeitete mir andere Techniken. Es entstanden Objekte aus Holz, Metall und Zink. Ich wandte mich auch der Bildhauerei zu und erhielt einige öffentliche Aufträge. Mein Repertoire erweiterte sich – neben allem politischen Engagement – um einfach nur „schöne" Themen, ausgedrückt in Malerbüchern mit Originaldruckgraphik zu Gedichten von Aragon, Pablo Neruda, Nazim Hikmet, Henry Miller und Heinrich Heine. Es entstanden Objekte, Rauminstallationen und schließlich Aktionen im urbanen Umfeld und in der Natur. Aber der Mensch war immer der Mittelpunkt, auch wenn er nicht in corpore im Werk erschien.

Im Grunde genommen wird ein Kunstwerk als erstes immer über das Formal-ästhetische aufgenommen. Erst mit dem Blick in den inneren Kern des Werkes werden die Inhalte deutlich. Für viele Künstler ist die Schönheit zweitrangig, weil das doch oberflächlich sei.
Sie fordern eine geistige Auseinandersetzung mit dem Werk, was den Betrachter ohne ergänzende Erläuterungen meistens überfordert. Es ist überraschend von einer Künstlerin wie Ihnen selbst zu

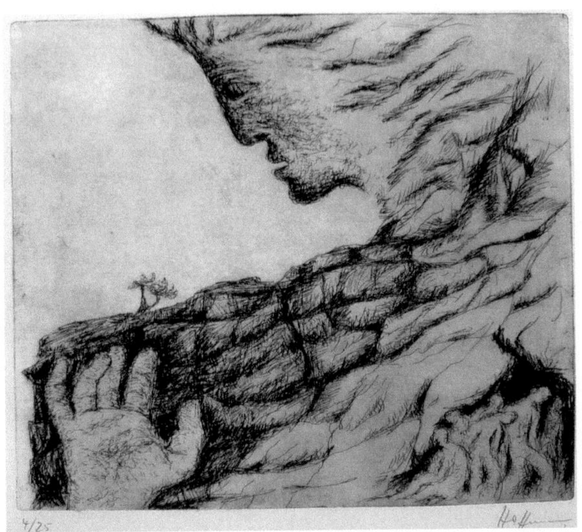

Aus dem Künstlerbuch „Chanson pour toucher la pierre“, 1973 („Ein Lied, das selbst die Steine rührt“), fünf Ätzradierungen und Gedicht von Louis Aragon

hören, Ihr Repertoire habe sich um „einfach nur schöne Themen“ erweitert.

Auch das Schöne hat doch in der Kunst seine Berechtigung.

Verfolgung, Vernichtung und Krieg sind komplexe und schwer zu verarbeitende Themen, die auch Ihnen als Künstlerin viel seelische und körperliche Kraft abverlangen. Bedeutet die Beschäftigung mit „schönen Themen“ aus der Literatur im Sinne von heiter und unbeschwert eine Art Erholung innerhalb Ihrer künstlerischen Möglichkeiten?

So könnte es sein. Es entstehen immer wieder Dinge, die keiner tiefschürfenden Ausdeutung bedürfen. Die Musik regt mich zu „schönen“ Arbeiten an, oft auch Aussprüche oder Texte, die bei mir spontane Assoziationen auslösen. Aber ich setze mich nicht an den Arbeitstisch, um Mitmenschen beeindrucken zu wollen. Im Augenblick des Tuns habe ich überhaupt kein Anliegen. Ein starker Impuls, ein „Müssen“ treibt mich. Man nennt es wohl Berufung. Ich bin ausgeliefert – auf Gedeih und Verderb.

Kann die Schaffung von Kunst auch so etwas wie eine Therapie sein?

Das ist ein kniffliges Thema. Für mich kann ich es vielleicht nur gelegentlich als ein Hilfsmittel einsetzen, wenn ich gesundheitliche Probleme in der Werkfolge mit dem Namen ANAMNESE künstlerisch ausdrücke.
Das hilft natürlich und ermöglicht mir, mit den Folgen von Unfällen, die mir öfter passiert sind, umgehen zu können. Es ist erleichternd, wenn aus einem Ungemach ein Bild entsteht, das sogar Außenstehenden etwas sagt. Ansonsten benötige ich keine Therapie.

Ich dachte eher an eine Therapie der Seele, weniger des Körpers.

Ich kann ja mit meiner Arbeit etwas in die Welt setzen, das es so nicht gibt, das aber

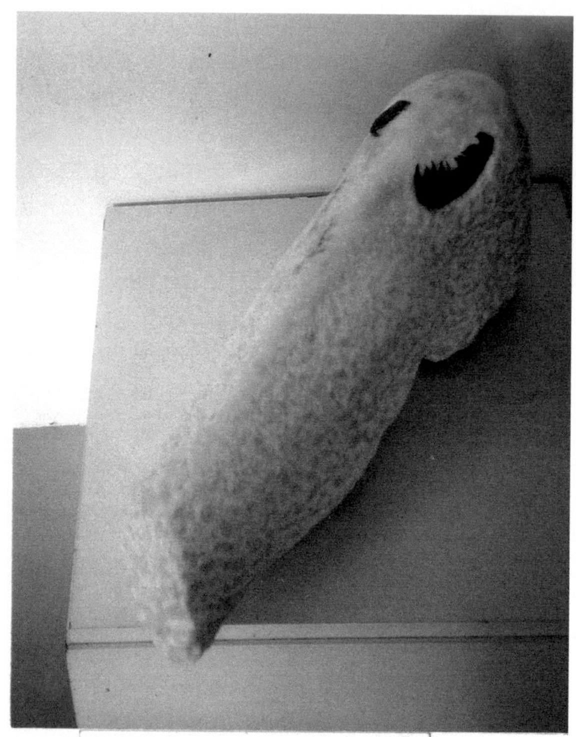

Knie verletzt, 2003
Crème F Estremoz-Marmor, Blei, 24 x 70 x 20 cm

eine Wirkung über das Alltägliche und Hergebrachte hinaus ausübt. Dies und die utopischen Ideen, die immerhin von der schöpferischen Geisteskraft des Menschen zeugen, sind doch Gewinn genug. Ich gehöre nicht zu denen, die unermüdlich mit der Suche nach ihrer Identität beschäftigt sind, die die Praxen von Psychologen füllen, Wellnesskuren und Selbstfindungskurse besuchen.

Aber was ist, wenn sie sich dann selbst nicht finden, ja wenn sie überhaupt nichts entdecken?
Ich gebe allerdings zu, dass für Menschen, die keine Künstler sind, der Umgang mit Farbspielen oder auch mit Musikinstrumenten in Lebenskrisen eine therapeutische Hilfe sein kann.

Sie wirken ohne Zweifel eher wie ein glücklicher, optimistischer Mensch und nicht wie jemand, der verzweifelt ist.

Die Zweifel an der Arbeit und das innere Ringen müssen sich nicht in der Öffentlichkeit abspielen. Sie sind da, aber das Positive des Schaffenkönnens überwiegt.

Wie erleben Sie eine Begegnung mit Künstlerkollegen? Als Außenstehende würde man meinen, Sie seien schnell auf der gleichen Wellenlänge und hätten vielleicht schneller Bezug zu künstlerischen Botschaften anderer bildenden Künstler. Ist es so?

Damals gab es unter Künstlerinnen und Künstlern einen intensiven Austausch. Vielleicht, weil wir den schon erwähnten gemeinsamen politischen Nenner hatten. Nämlich, dass wir Kriege ablehnten, wo immer sie in der Welt stattfanden, und uns fragten, auf welche Weise jeder mit seinen künstlerischen

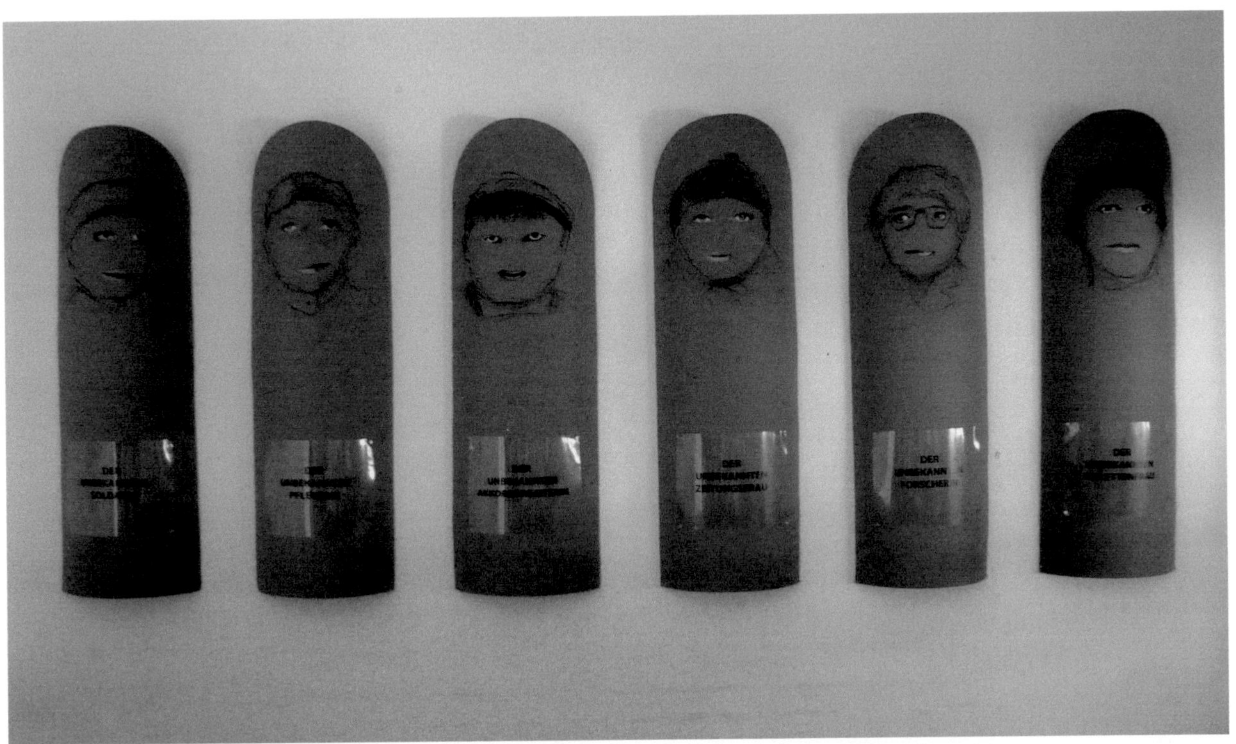

Der unbekannten Soldatin, Pflegerin, Zeitungsfrau, Akkordarbeiterin, Forscherin, Toilettenfrau. 2011.
Copalkreide, Fotokopie (Augen und Münder), Laserdruck auf Folie, Schrauben, auf Rohfilzpappe. Wandinstallation, Höhe 100 cm

Mitteln in der Öffentlichkeit Stellung beziehen und die Menschen zum Nachdenken auffordern kann. Im Laufe der Jahre zogen sich manche von uns in ihr Atelier zurück, einige der mir befreundeten Kolleginnen leben nicht mehr. Ich vermisse den geistigen Kontakt mit anderen Künstlern, wobei es nicht darauf ankommt, dass man etwa in seiner Arbeit übereinstimmen muss. Im Gegenteil: je eigenwilliger die Handschrift des Einzelnen ist, je unverwechselbarer das Werk, desto fruchtbringender der Dialog.

Die unzähligen Galerien in den Städten grase ich nicht ab. Man wird schier erschlagen von den Produktionsmassen, die präsentiert werden, und oft genug stellt sich eine déjà-vu-Empfindung ein, eben weil diese Erzeugnisse gesichtslos sind. Auch der Begriff „Kunstszene“ irritiert mich. Es handelt sich doch nicht um eine Szene. Es sollte ein intensives Schaffen sein, gleichsam ein Augenblick der Wahrheit für mich als Künstlerin. Wenn ich am Werk bin, bin ich mit mir allein, es ist keine Zurschaustellung meiner inneren Beschaffenheit. Erst wenn das Werk dann einmal an die Öffentlichkeit kommt, ist es der Begegnung mit den Mitmenschen ausgesetzt, es behauptet sich oder geht unter.

Wir deuten die aktuelle „Kunstszene“ an, die manchmal ein wenig provokativ und schrill wirken kann. Ist es unter anderem einer der Gründe, warum Sie meinen, Sie gehörten nicht zur „Kunstszene“, da Sie selber keinen Bezug dazu gefunden haben?

Nein, natürlich nicht. Unter den Zeitgenossen befinden sich wunderbare Künstlerinnen und Künstler, in deren Werken, auch wenn sie uns herausfordern, eine geistige Dimension zu erkennen ist. Ich nenne nur Annette Messager, Louise Bourgeois, Günther Uecker, Sir Anthony Caro und die polnische Künstlerin Magdalena Abakanowicz.
Weniger anfangen kann ich mit den „Weltkünstlern“, die auf schmaler Spur mit ein und derselben Grundidee in den Museen der Welt ausgestellt sind. Und auch die Aggressivität – nicht zu verwechseln mit der durchaus wichtigen Provokation in der Kunst – und

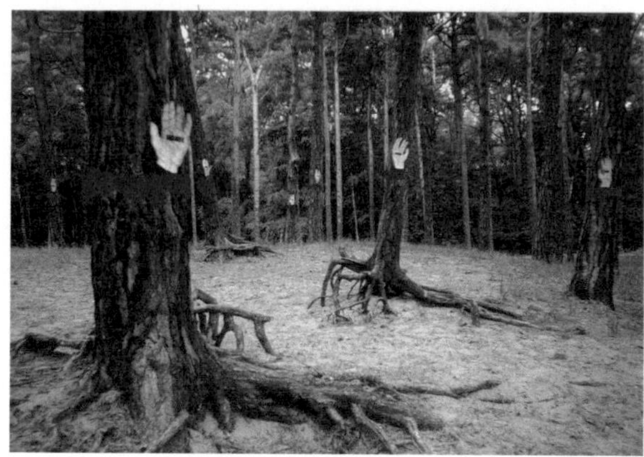

Gebt mir meinen Namen! 2003
Gezeichnete Hände an Bäumen im Küstenwald nahe dem KZ Stutthof bei Gdańsk, wo im Krieg 40 Danziger Polen, darunter der Vater des Freundes, der meine Aktion fotografierte, erschossen und verscharrt wurden. Der schildähnliche Bildausschnitt könnte den Namen der Ermordeten tragen.
Foto Edward Lysakowski

den allzu billigen effekthascherischen Sexismus, der oft die Menschenwürde verletzt, kann ich nicht nachvollziehen. Sie sind mir ein Gräuel.

Sie arbeiten öfter auch über unterbewertete oder verkannte Menschen, z.B. bei den Werken mit den Titeln „Der Unbekannten Soldatin“, „Dem Unbekannten Stahlarbeiter“, Völklingen oder „Gebt mir meinen Namen“ im Wald bei Danzig, wo sich das Vernichtungslager Stutthof befand. Geringgeschätzte Frauen und Männer haben Sie mit Aktionen gewürdigt. Ihre neueste 19 Objekte umfassende Wandinstallation mit

Technikfotos widmen Sie voller Hochachtung „Den Unbekannten Elektromonteuren." Welche Gedanken stehen dahinter?

Denkmäler für den Unbekannten Soldaten „schmücken" fast jedes Gemeinwesen. Ich will aber den Menschen ihre Würde wiedergeben, die gering geschätzt werden, ebenso wie den Gewaltopfern, deren Identität man auslöschen wollte, um sie zu Nummern zu machen. Wer diese Arbeiten sieht, wird unmittelbar angesprochen. Denn was wären wir ohne die Müllwerker und Akkordarbeiterinnen, und wie könnten wir es mit unserem Gewissen vereinbaren, wenn wir nicht den unschuldigen Opfern ein würdiges Angedenken widmeten?

Bei Ihren Worten muss ich an die „SHOAH-TAFELN" denken. Eine Arbeit, die 1986 entstand, beeinflusst durch die Eindrücke des neunstündigen Dokumentarfilms „Shoah" des französischen Regisseurs Claude Lanzmann über die Erinnerung an den Holocaust.
Die Arbeit besteht aus sechs beidseitig bemalten Leinwänden in Stellagen aus Holz. Auf der Vorderseite sind Wälder in Polen zu sehen, die darauf hindeuten, dass die Inhaftierten den Wald selbst roden mussten, um aus den Baumstämmen die Baracken zu bauen. Mit der losen Einhängung der Leinwände wird die lebensbedrohliche Lage der KZ-Häftlinge symbolisiert. Die Rückseite zeigt die bis heute übrig gebliebenen Betonfundamente der Baracken. Was war Ihr Anliegen, nach 40 Jahren den Holocaust erneut in einer großformatigen Installation zu thematisieren?

Auch hier war es einfach ein innerer Drang. 1971, bei meinem ersten Nachkriegsaufenthalt in Danzig, bin ich dem begegnet, was vom Konzentrationslager Stutthof noch übrig war. Es war genau die Situation, die Lanzmann auch schilderte. Und im Dokumentationszentrum entdeckte ich Fotos der Gefangenen, unter denen auch unser polnischer Nachbar zu erkennen war. Die Nationalsozialisten haben bekanntlich all ihre Untaten akribisch per Film und Foto festgehalten! Das ist mir beim Erleben des Shoah-Films ins Gedächtnis zurückgekehrt, und ich musste es auf meine Weise aufarbeiten.

Dass man mit Kunst auch vieles bewirken kann, zeigt Ihre PASSIO POLONIAE, eine Folge von Lithographien über die Leiden des polnischen Volkes im letzten Krieg, die 1972 erstmals in der KZ-Gedenkstätte Stutthof bei Danzig gezeigt wurde und die anschließend an viele Orte Polens wanderte. Sie erlebten, dass die Veranstalter und die Besucher der Ausstellungen Ihr Werk als einen überzeugenden Beitrag zur Annäherung zwischen Polen und Deutschland erkannten, ganz im Sinne von Willy Brandts Ostpolitik.

Auch Künstler, die sich auf schöpferischer Ebene für Meinungsfreiheit und Menschenwürde einsetzen, können von der politischen Verfolgung und Unterdrückung in ihrer Heimat betroffen werden. Der griechische Komponist und Schriftsteller Mikis Theodorakis wurde Ende der 60er Jahre aufgrund seiner politischen Einstellung verfolgt und verhaftet.

Zwischen Ihnen und Mikis Theodorakis entstand auf dem Hintergrund seiner Gefangenschaft zur Zeit der Obristendiktatur eine intensive Zusammenarbeit, woraus eine Freundschaft wurde.

Man kann es eher als eine politische Freundschaft ansehen. Ich hatte schon 1969 den Armeebefehl gelesen, mit dem es unter strengster Strafe verboten wurde, die Musik von Mikis Theodorakis zu spielen oder auch nur anzuhören. Musik ist mein Lebenselixier. Ich fragte mich: wie kann solch ein Kulturvandalismus in Griechenland entstehen? Ich erarbeitete eine Folge von Lithographien mit dem Titel „Arkadien, zeitgenössisch", in die ich auch Schilderungen von Theodorakis aufnahm, der Mitte 1970 freigekommen war. Hiesige Griechen stellten die Verbindung mit ihm her, und als er 1972 nach Stuttgart kam, konnten wir einander kennen und schätzen lernen. Mikis veranlasste die Ausstellung der Arbeiten anlässlich seines großen Konzerts, das erstaunlicherweise nicht in Stuttgart, sondern in Böblingen stattfand, wo man offenbar nichts gegen den Kommunisten einzuwenden hatte. Mikis schrieb mir einen Text über seinen Begriff von Freiheit auf lithographisches Umdruckpapier, so dass wir für seine weiteren Konzerte auf der Europatournee ein von mir gestaltetes Plakat drucken lassen konnten. Es entstanden noch die Arbeiten „Einzelhaft", „Epiphanias" und „Die Sonne und die Zeit", letzteres zu seinem sehr beeindruckenden in der Gefangenschaft verfassten Text für sein gleichnamiges Oratorium.

Es gab auch mit dem polnischen Komponisten Krzysztof Penderecki 1969 eine Zusammenarbeit, als er in Stuttgart zur Aufführung seiner Oper „Die Teufel von Loudun" war.

Ja. Ich hatte damals zu dem Thema politischer Verfolgung, das in abgewandelter Form der Inhalt seiner Oper war, einen Zyklus von handüberarbeiteten Lithographien unter dem Titel „Ausgeliefert" geschaffen.

Neben der Musik waren es immer auch literarische Werke, die Sie inspiriert haben. Gibt es eine Zusammenarbeit mit einem Literaten, die Sie als besonders bereichernd erlebt haben?

Ja, mit Christa Wolf. Zu einer Zusammenarbeit mit ihr kam es noch zu DDR-Zeiten.

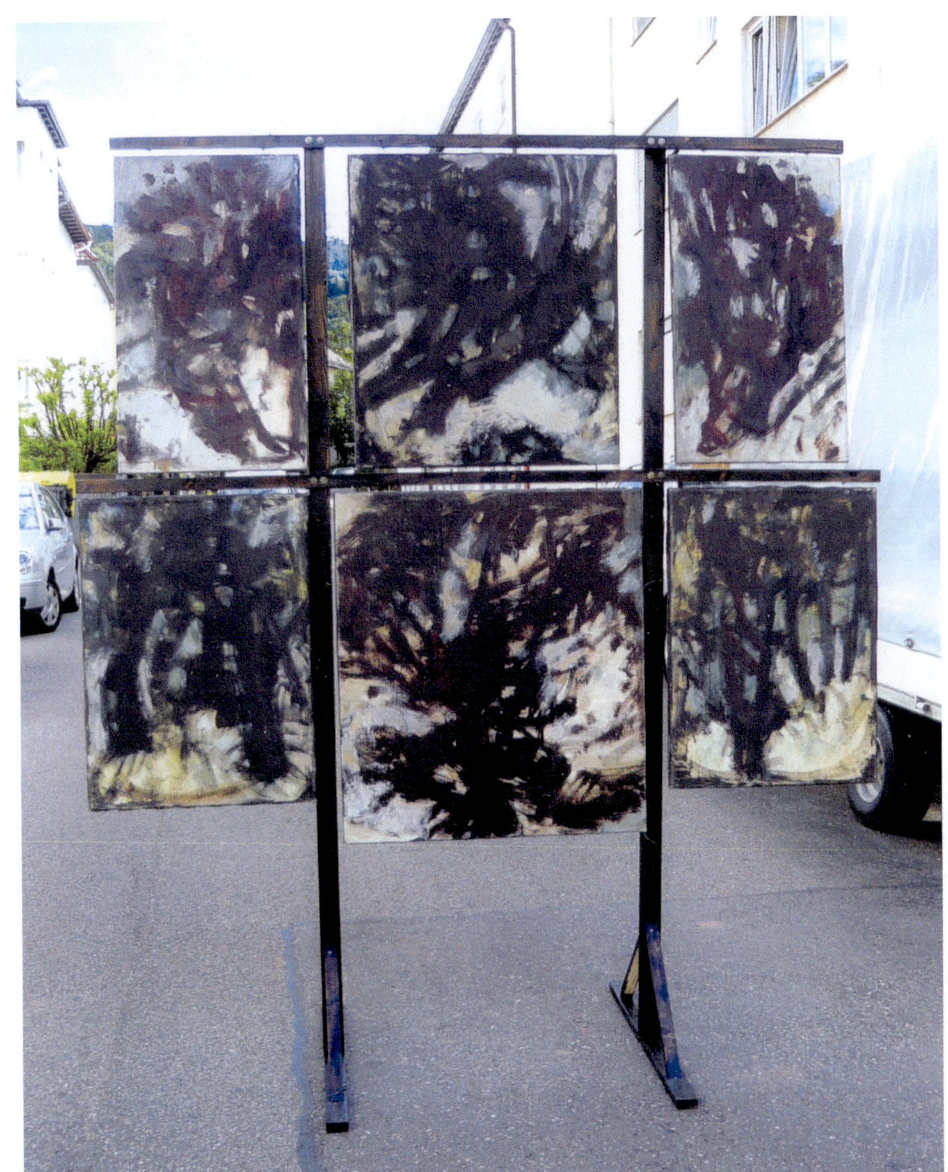

DIE SHOAH-TAFELN
1986
Straßenaktion in Stuttgart
2012,
Öl auf Leinwand,
Holzstellage, Vorderseite,
215 x 184 x 80 cm
Eigentum der Jüdischen
Gemeinde zu Berlin

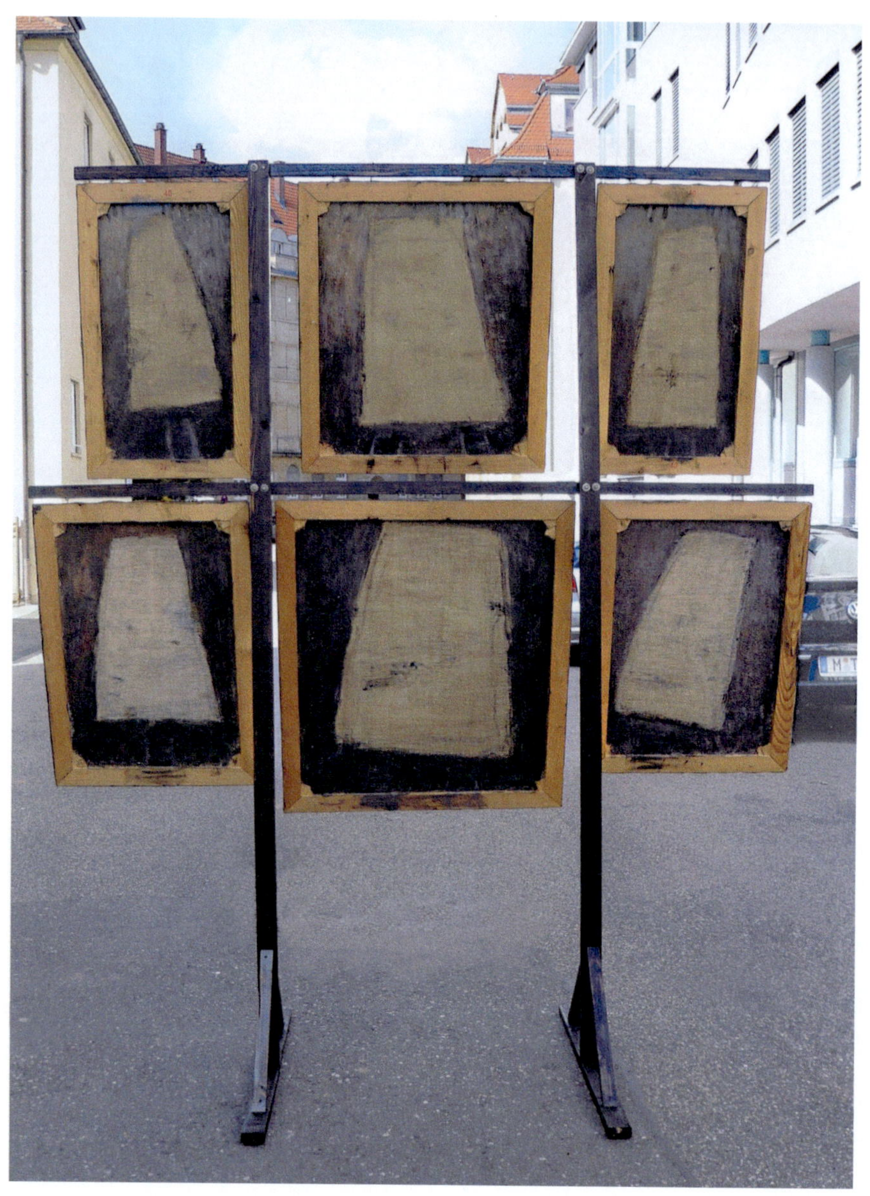

DIE SHOAH-TAFELN, 1986
Rückseite

Mit einigen mir befreundeten Kolleginnen plante ich 1986 in Stuttgart eine Ausstellung über die condition humaine. Sie stellte mir frei, ihren Text „Erinnerte Zukunft“ aus dem Buch „Lesen und Schreiben“ von 1968 einzubeziehen. Seither hat sich, besonders nach der politischen Wende, ein guter Kontakt ergeben, und wir lernten einander persönlich kennen, als sie 1993 in Marbach im Deutschen Literaturarchiv eine Lesung hatte. Ich habe ihr bzw. ihrem großen Thema des Fliegen-Könnens aus eigener Kraft der Gedanken einige Arbeiten gewidmet. Und 2012, als sie starb, entstand ein großes Wandbuch „Lebens-Bäume“, das sieben ihrer Werke gewidmet ist, die eine besonders weite Resonanz gefunden haben.

Meine Buch-Köpfe sind Autoren und Autorinnen unserer Zeit gewidmet und mit diversen Zeichenmitteln und Collagen gestaltet. Als Korpusse dienen Bücher oder Kartons. Sie werden über Kopfhöhe an der Wand installiert, denn wir sollen zu ihnen aufblicken.

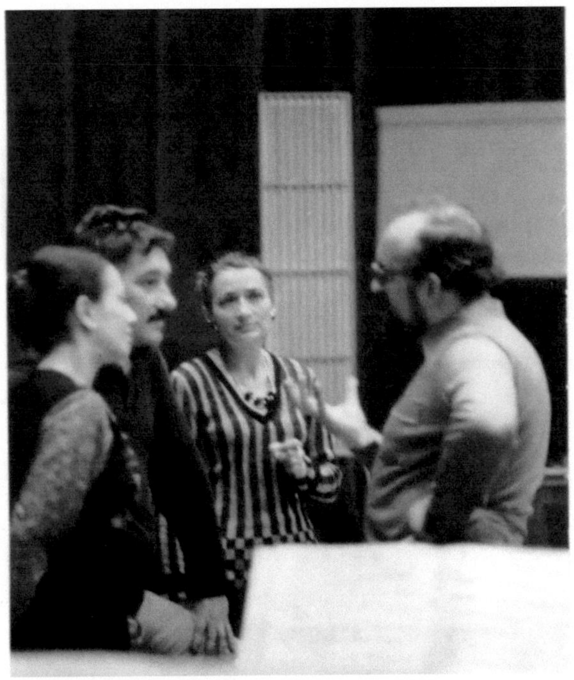

Sabine Hoffmann (2. v. r.) mit Krzysztof Penderecki im Südfunk am 22.2.1974
Anlässlich der Aufführung seiner Oper „Die Teufel von Loudun“ hat die Künstlerin einen Zyklus von Zeichnungen erarbeitet.

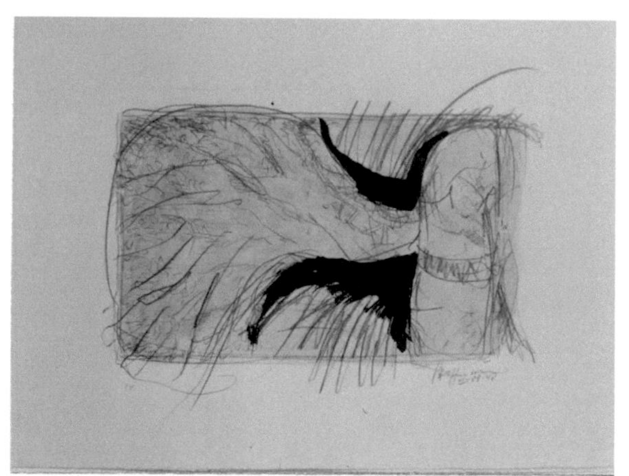
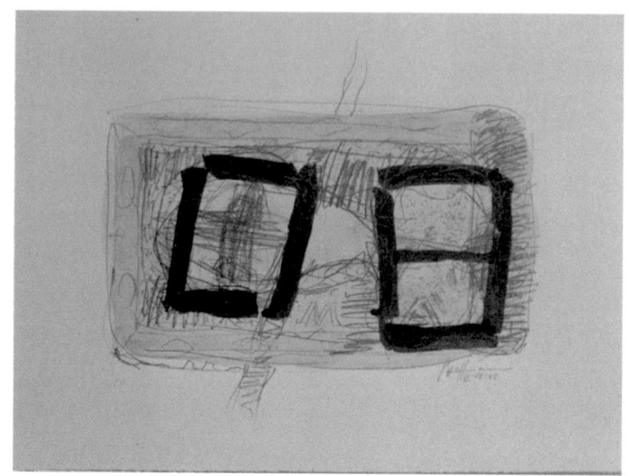
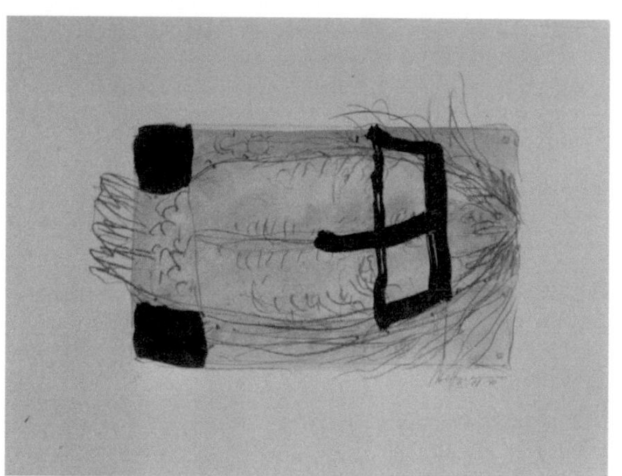
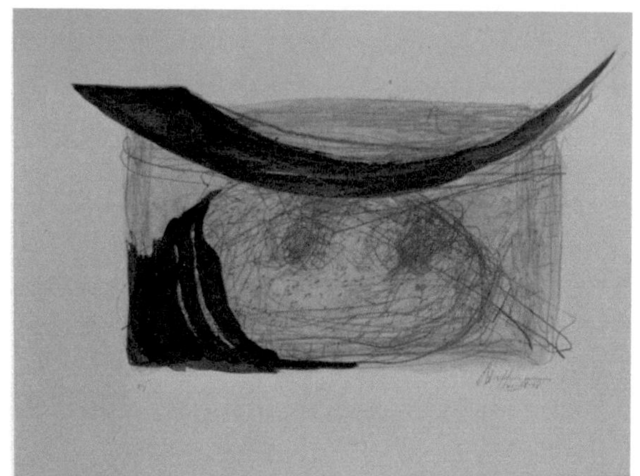

Vier Blätter aus dem Römischen Mauerbuch, 1988
Graphit und Tusche über Lithostrukturen. Das Werk umfasst insgesamt 16 Zeichnungen auf Zerkall-Bütten, Sammlung Würth, Künzelsau

Was geschrieben steht, das steht geschrieben

Sabine Hoffmann, in Ihrem künstlerischen Werk nimmt das Thema Mauerbücher, Bodenbücher einen breiten Raum ein. Sie haben sich seit 1988 sehr intensiv mit dieser künstlerischen Ausdrucksweise beschäftigt. Wenn man zurückblickt auf dieses Jahr 1988 und Ihr erstes Mauerbuch betrachtet, stellt sich die Frage: wie kam diese Idee, was waren für Sie die Beweggründe?

Das war zunächst einmal die Wiederbegegnung mit Rom. Ich war schon vorher in Rom gewesen, aber ich hatte nun einmal Gelegenheit, ein paar Wochen dort zu sein, und da ist mir zum ersten Mal einfach die Geschichte begegnet, nicht nur die Geschichte Roms, sondern auch Europas, denn es geht ja eins aus dem anderen hervor. Und dieses sich ruhig da Hineinfallen-zu-lassen, das war mir eigentlich bei dem Besuch anderer fremder Städte neu. Und ich habe mich darauf konzentriert, einfach an die Wurzeln unserer Kultur zu denken, darauf zu reagieren und natürlich zu Fuß zu gehen. Man stößt ja überall in Rom auf Altertümer, Rom ist trotzdem eine sehr moderne Stadt; aber jetzt habe ich mich darauf eingelassen, einmal den Umkreis des alten Rom abzuschreiten, das ist die Aurelianische Mauer. Sie ist aus Ziegeln und auch aus Steinblöcken und steht zum größten Teil immer noch. So beschloss ich, Tag für Tag immer ein Stück entlang zu wandern.

Und diese Steine hatten es Ihnen besonders angetan?

Ja, ich liebe Steine, ich weiß nicht weshalb. In die Wiege wurde es mir nicht gelegt. Denn in meiner Heimat Danzig gibt es nur die Gerölle der Endmoränen. Und hier nun gemeißelte Steine, aber eben von vor fast zweitausend Jahren! Ich hatte immer Papier dabei, auch Seidenpapier, und das legte ich an die Mauerblöcke, um die Strukturen mit Graphit zu frottieren. Zu Hause beim Durchsehen der Blätter habe ich mir dann gedacht: du musst etwas machen aus diesen Wegen und Mauern. Es ergaben sich zeichnerische Arbeiten, die auch Gedankensplitter aus Rom beinhaltet haben; das waren im Ganzen 16 Blätter im Format 30x40 cm. Aber Zettel sollten es nicht bleiben. Ich kam auf die Idee, diese Zeichnungen an meiner eigenen Wand, an der Atelierwand zu befestigen, um mir zu sagen: das ist jetzt wie ein Mauerbuch. Die Entschlüsselung meiner Bildgedanken ist, glaube ich, nur für mich nachvollziehbar. Aber es muss ja nicht immer alles ausgeschrieben sein, dies ist ein zeichnerisches Mauerbuch. Und das war das erste einer langen Folge.

Das ist sehr spannend. Mir kommt der Gedanke, dass Sie vielleicht schon mit einer künstlerischen Herausforderung an diese Aurelianische Mauer herangetreten sind. Kann man das so sagen oder war das eher Inspiration wirklich vor Ort?

Also das geschah vor Ort.
Das war das Gefühl, einfach sich einmal völlig hinein zu geben in die Geschichte und sich mit ihr verbunden zu fühlen als ein ganz ferner Nachkomme dieser frühen Historie. Anders würde ich das gar nicht sehen können. Ich hatte also zunächst nicht diese Absicht. Ich habe viel skizziert in Rom, ich habe früher überhaupt mehr skizziert als fotografiert, aber es stand hier ursprünglich keine Absicht dahinter.

Der Ort hat Ihnen den künstlerischen Impuls gegeben.

So ist es, ja.
Nicht das einzige Mal in meinem Leben. Orte kommen in meiner künstlerischen Laufbahn eigentlich immer wieder vor und spielen eine sehr große Rolle. Wir werden vielleicht im Laufe des Gesprächs auf weitere Aspekte kommen.

Bei dem Begriff Mauer denkt man zunächst an etwas vom Menschen Gebautes. Es kann Schutz wie auch Trennung sein. Hatten Sie vor als bildende Künstlerin, die Mauer als Gegenstand zu thematisieren, oder sind Ihre Mauerbücher eher als künstlerische Ausdrucksform aufzufassen?

Ich denke es war eher das, was Sie jetzt sagen. Auch Sie sagen, dass Mauern schützen, die römische Mauer war sicher eine Schutzmauer, wie viele andere Mauern auch. Aber es gibt natürlich auch trennende Mauern zwischen Menschen, trennende Grenzen. Ich kann das jetzt so sagen, denn wir haben eine Mauer überwunden, wir haben ein vereintes Europa; das gab's früher noch nicht und das ist ein großes Glücksgeschenk unserer Gegenwart, behaupte ich.

Haben Sie sich gedanklich mit den Ursprüngen schriftlicher Kommunikation auseinandergesetzt?

Ihre Frage überrascht mich, Frau Jütten. Beispielsweise die Bücher aus der Frühzeit interessieren mich, die in Stein gemeißelt sind, auch die Keilschrift oder der berühmte

Stein von Rosette, der in Ägypten gefunden wurde und auf dem man Sprachen entziffern konnte, z.B. das Altägyptische. Das sind alles eingeritzte bzw. eingemeißelte Schriften. Ich kann dagegen nur relativ einfache künstlerische Mittel einsetzen, die nicht ewig halten werden. Es sind manchmal auch Gegenstände, die ich an die Wand bringe als Installation oder auch als Buch, wenn Sie so wollen. Ich habe z.B. plastische Menschenhände gemacht, in die jeweils ein Auge eingelassen ist, also ein Blick. Diese sehenden Hände ragen aus der Wand, und ich sage: diese Blicke sind die Stimmen des Schweigens. Denn mit den Augen sagt der Mensch eben Dinge, die er vielleicht nie aussprechen würde. Es ist eine Wandinstallation über eines meiner großen Themen, die Kommunikation oder die Nicht-Kommunikation.
Es gibt aber auch ungewöhnliche Arten der schriftlichen Kommunikation. Einerseits die sehr „lauten", weil bunten Graffiti an Häusern und Mauern der Städte. Andererseits aber die geheimen, oft verschlüsselten Wandritzungen der Verfolgten in den Gefängnissen.

1995 entstand das Jerusalemer Mauerbuch. Wieder ein ganz neuer Ort. Können Sie uns über diese Arbeit berichten?

Gern. In Jerusalem war das Erlebnis ganz anders als in Rom, wo es sich um alte Geschichte und eingemauerte uralte Zeugnisse handelt. In Jerusalem ist die heutige Situation sehr vorherrschend. Und natürlich die Mauern von Jerusalem – ich spreche jetzt nicht von der Klagemauer, das ist etwas für sich – sondern die alte Mauer, die ja Schutz war und zum Teil leider heute auch trennend ist oder war. Da bin ich natürlich auch entlanggegangen, was gar nicht so einfach ist, denn man kommt nicht ganz herum. Und dort nun diese Steine! Dieser gelblich leuchtende zu Recht berühmte Jerusalemstein und darüber der weite Himmel in seinem ganz besonderen Blau! Dieser Farbzusammenklang ist für mich ein unvergessliches Erlebnis.
Für mich sind das die Farben der Geschichte dieser Stadt. Ich hatte wieder Papier dabei, um die Strukturen der Steinblöcke per Frottage aufzunehmen. Im Atelier habe ich dann die Frottagen auf leicht gewölbte Pappen geklebt, um an der Wand eine Art Mauer entstehen zu lassen. Hineingezeichnet sind Dinge, die mich in den Jerusalemer Tagen beschäftigt haben. Abgerissene Gliedmaßen, wie sie nach Attentaten aufgesammelt werden, Wurfsteine, zerstörte Gegenstände, weggeworfene Schuhe: man sagt nämlich, „er hat die Schuhe geschmissen", und drückt damit aus, dass jemand barfuß besser weglaufen kann.

Die Arbeit besteht aus 38 einzelnen Pappen und zeigt Fragmente des menschlichen Körpers.

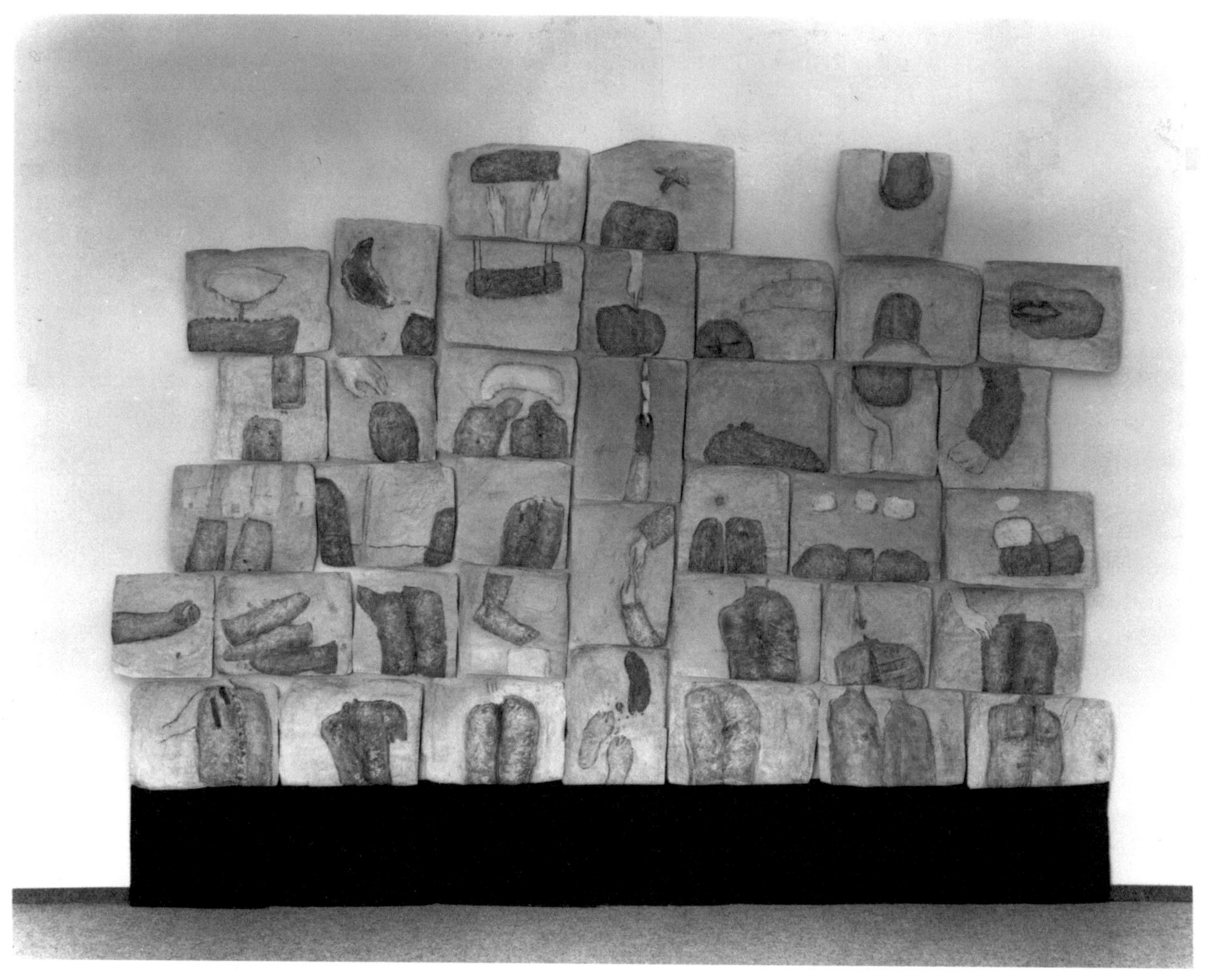

Das Jerusalemer Mauerbuch, 1995
Frottagen von den Mauern Jerusalems, diverse Zeichenmittel auf 38 leicht gewölbten Kartons, Sockel aus Pappe. 300 x 350 x 8 cm (Foto Wolfram Janzer)

Man empfindet ein Gefühl der Zerrissenheit und ist tief berührt. Sie fügen in diesem Werk etwas aus einzelnen Teilen zu einem Ganzen zusammen; einzelne Bruchstücke des Lebens, die vor kurzem noch zusammengehört haben. Kann man das so formulieren?

Ja. Das ist sicher das Bestreben gewesen. Wissen Sie, ich kann manchmal die Dinge nicht verbal formulieren, ich schaffe sie. Und ich reflektiere vorher nicht so sehr darüber, weshalb ich es mache, ich muss es einfach tun. Es ist schon so, dass ich dem Schrecken, der dort herrscht, etwas Positives entgegensetzen muss, z.B. Berührungen, Begegnungen und immer wieder Torsi mit betonter Wirbelsäule, denn sie ist es ja, die den menschlichen Körper zusammenhält. Bei den Ausstellungen dieses Mauerbuchs merkte ich, wie weit doch das Verständnis und die Teilnahme der Betrachter reichen. Auch die Anerkennung durch die jüdische Nationalbibliothek Jerusalem hat mich in meiner Arbeit bestätigt.

Sie haben schon die Klagemauer erwähnt, sicher waren Sie auch dort?

Ja, ich war natürlich dort. Da muss man hin und zwar morgens früh, so dass man nicht den Touristenmassen begegnet. In der Stille wird man dann Zeuge, wie die gläubigen Menschen hingegeben beten und auch Zettel mit ihren innigsten Wünschen in die Mauerritzen stecken. Das hat mich sehr beeindruckt.

Gibt es Städte, die für Sie persönlich eine besondere Rolle spielen?

Ja, ich überlege…
Florenz liebe ich sehr und war sicher mindestens zwölfmal dort. Von hier strahlte die Renaissance aus, die den Geist des Menschen von der Herrschaft der Kirche befreite und ihnen Gedankenfreiheit und selbstverantwortliches Handeln zugesteht, ja abverlangt. Spannend ist in Florenz aber auch das, was es heute an modernen wissenschaftlichen und künstlerischen Errungenschaften gibt. Und dann ist Paris meine Lieblingsstadt, ich habe nach dem Kriege zwei Jahre dort gelebt und bin glücklich, noch einige sehr nahe Freunde dort zu haben.

Zum Thema Mauerbücher würde ich gerne noch auf ein Projekt innerhalb dieser Gattung eingehen. Über 14 Jahre lang haben Sie jedes Jahr ein Mauerbuch für Amnesty International gemacht. Wie kam das zustande?

Das ist ja ein weites Feld. Wie bekannt, handelt es sich bei ai um die Menschenrechte. Ich habe die Nazizeit schon früh miterlebt und bin Überlebende eines Weltkrieges. Und das blieb nicht ohne Spuren…

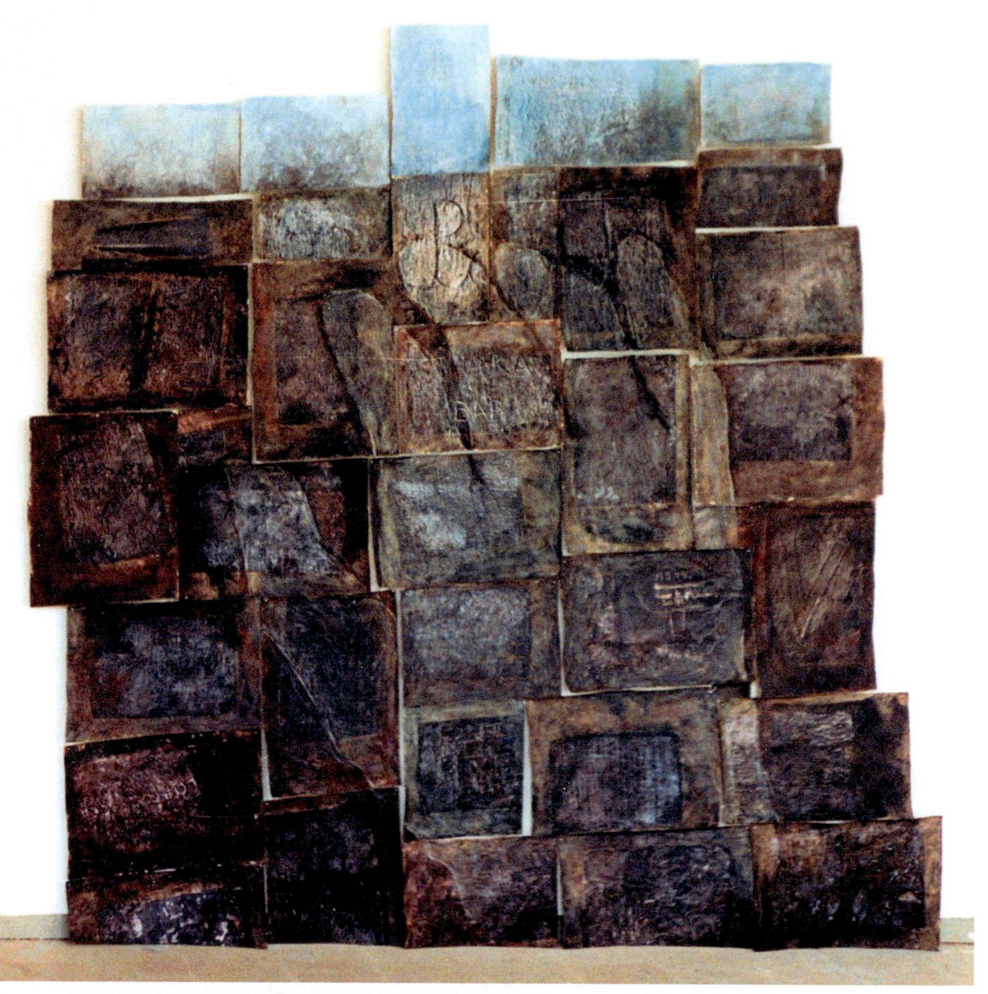

Was geschrieben steht, das steht geschrieben, 1997
Übermalte Fotokopien von Wandritzungen im berüchtigten Warschauer Gestapogefängnis Pawiak. In der obersten Reihe Worte und Zeichen der Hoffnung auf Überleben, 245 x 250 cm, KZ-Gedenkstätte und Museum Stutthof, Gdańsk

Dass es diese Organisation gibt, habe ich 1972 erfahren. Ich ließ mir die Unterlagen kommen und habe dann in einer Gruppe mitgearbeitet. Ich konnte Briefe von politischen Gefangenen aus drei Sprachen übersetzen und erlebte, dass immer wieder ein Mensch frei kam. Ab 1996 habe ich dann meinem Engagement für ai eine künstlerische Form gegeben. Diese Mauerbücher ermöglichen und fordern das öffentliche, gemeinsame Lesen und Entziffern. Sie sind keine Galeriekunst im herkömmlichen Sinne. Sie gehören eher in öffentliche Räume, damit auch Menschen, die nicht unbedingt kunstbeflissen sind, mit dem harten Kapitel der Menschenrechtsverletzung konfrontiert und zum Nachdenken darüber angeregt werden.
Als Künstlerin gehe ich natürlich in erster Linie von formal-ästhetischen Gesichtspunkten aus; das heißt, dass ich die für mein Anliegen geeigneten Ausdrucksmittel und Formen finden muss. Bei den Mauerbüchern für ai möchte ich klarmachen, dass sich die Dinge nicht im abgehobenen Kulturraum abspielen, sondern leider mitten unter uns in sehr vielen Ländern der Welt. Durch am Boden liegende sehr persönliche Gegenstände wie gebrauchte Gefäße, Schuhe, Kleidungsstücke, die den Verfolgten abgerissen wurden, möchte ich etwas von den Menschen, die dahinter stehen, zeigen und ihnen damit ihre Identität wiedergeben. Denn das Auslöschen der Identität ist es ja, worauf die Verfolger und Folterer hinaus wollen.

Sie haben Titel wie „Blut und Tränen", „Der Kampf der Frauen", aber auch „Sie haben durchgehalten" oder „Die kleinen Hoffnungen".

Ja, auch in diesem dunklen Kapitel muss meiner Ansicht nach etwas Hoffnung aufschimmern. Ich bezog mich stets auf den Jahresbericht von ai und ging bei der Gestaltung in zwölf Schritten vor. Jedes Mauerbuch hat 12 Segmente, die man abschreiten muss. Konkret das Mauerbuch 1996: in diesem Jahr habe ich 12 plastische Händepaare grob in die Wand genagelt. Sie enthalten die Namen von 24 Ländern, in denen die Menschenrechte verletzt wurden. Am Boden liegen zerschlagene, rauchgeschwärzte Ziegel als Zeichen für zerstörte Behausungen.

Sie haben diese Arbeiten für Amnesty International unter anderem auch in Ludwigsburg ausgestellt. Es handelte sich dort um eine ganz besondere Ausstellungssituation.

Das war das Kunstzentrum Karlskaserne. Hier war ein großer Pferdestall aus den Gründerjahren des Deutschen Reiches, der im Originalzustand verblieben war, mit hohen Eisengestängen und geschlämmten, fleckigen Mauern. Diese unwirtliche Stätte war der ge-

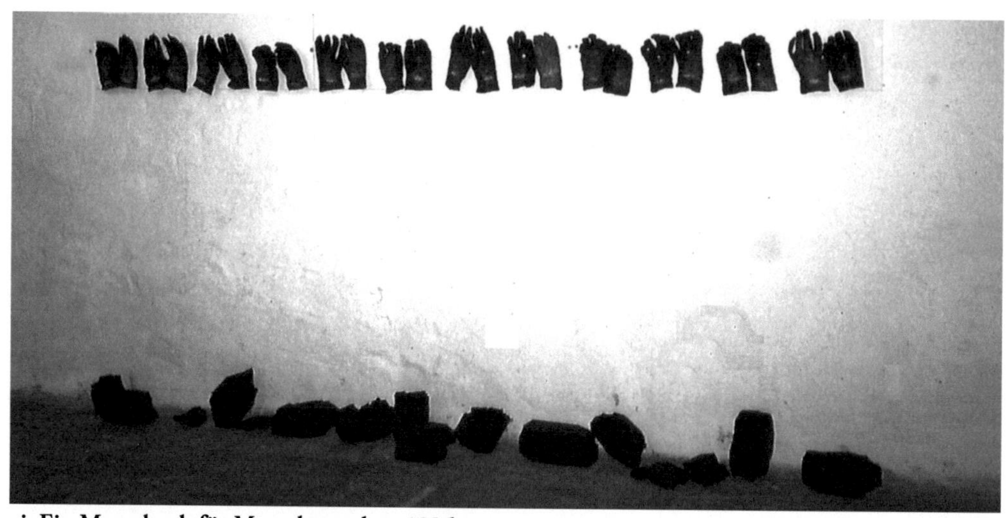

ai, Ein Mauerbuch für Menschenrechte, 1996
Baumwolle, verstärkt, Dispersionsfarbe, grobe Nägel, am Boden zerschlagene, geschwärzte Ziegelsteine, die zerstörte Behausungen symbolisieren. In die Hände eingeschrieben 24 Länder – von Algerien bis Zypern -, in denen Menschenrechte verletzt wurden. (Foto Wolfram Janzer)

eignete Ort für meine Mauerbücher, und das haben die Besucher auch gespürt. Ich brauchte nicht viel zu erklären. Bei einem Projekt mit politischem Hintergrund beschreibe ich natürlich meine Intention, um die Tür zu dieser Kunst zu öffnen. Dann erlebe ich mit Freude, wie die Menschen sich darauf einlassen und es gedanklich weiterführen, und ich mache die Erfahrung, dass ich mit diesen Werken etwas ausrichten kann.

Wie viele Mauerbücher haben Sie für Amnesty International insgesamt geschaffen? Ab einer bestimmten Zeit beenden Sie die Arbeit für ai?

Bis 2010 habe ich fünfzehn Mauerbücher geschaffen. 2010 sind es „Lebensabrisse“ mit den Namen von zwölf verfolgten Mitmenschen, die ich auf Händen und Armen verzeichnet habe, am Boden liegen abgerissene Teile dieser Lebensläufe. Nun hat sich inzwischen die Arbeit von ai weit über die Beschäftigung mit konkreten Einzelfällen ins Allgemeinpolitische ausgeweitet. Ich habe daher für eine künstlerische Auseinandersetzung keine Form mehr gefunden. So ist dieser Zyklus für mich abgeschlossen.

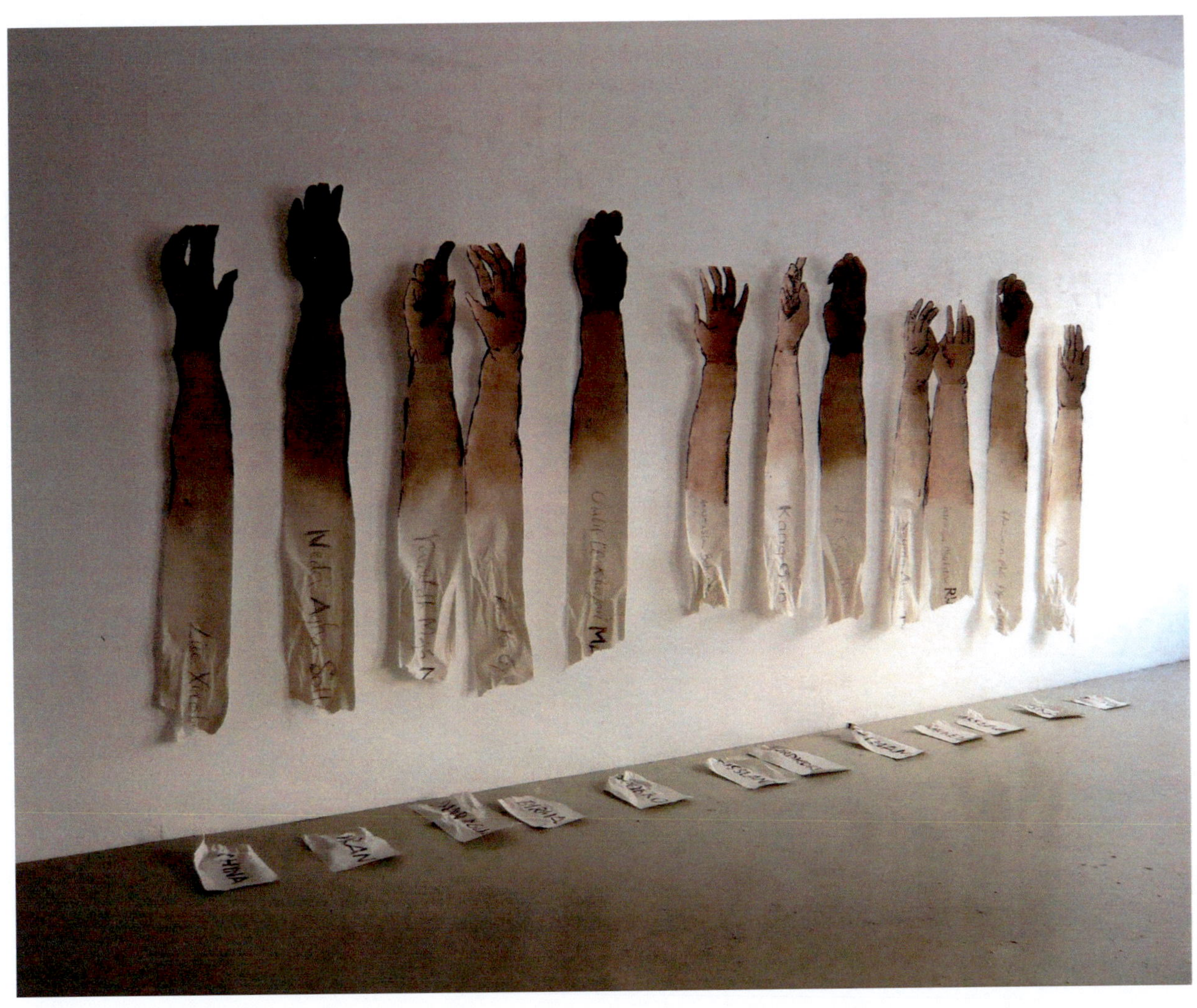

ai 2010, Lebens-Abrisse, 2010
Dispersionsfarbe, Pastell, Graphit, Mennige, auf Shirtingstoff.
In die Arme eingeschrieben die Namen von verfolgten Personen aus zwölf Ländern, 165 x 340 x 25 cm

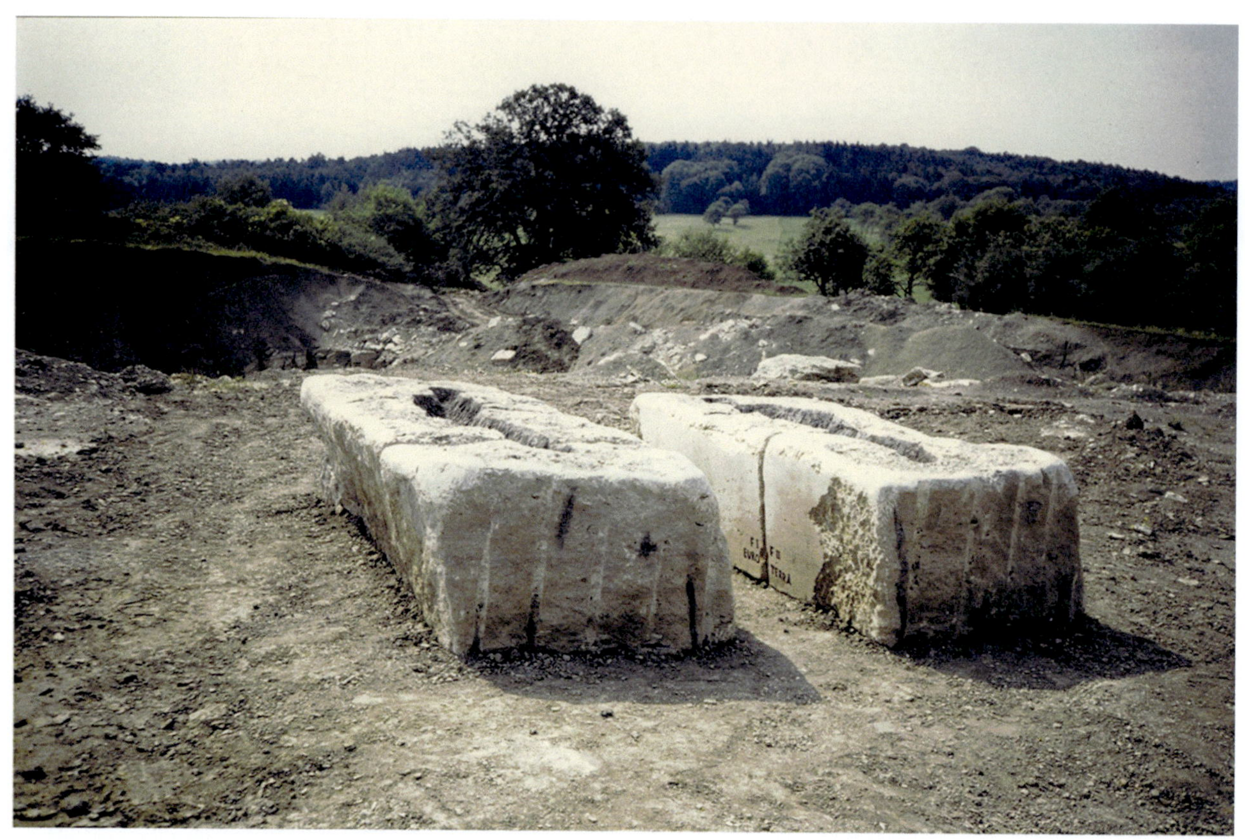

EUROTERRA, 1992
Muschelkalk, je 80 x 110 x 310 cm. Prototyp eines für die Länder der Europäischen Union geplanten Skulpturenprojektes am Ort der Entstehung in einem Steinbruch bei Crailsheim in Württemberg. Eigentum Landeshauptstadt Stuttgart, Platz der Deutschen Einheit

Farben der Geschichte

In Ihrer Kunst zeigen Sie ein sehr ausgeprägtes Bewusstsein für die Geschichte, nicht nur die Ihrer Vergangenheit, sondern auch die der Gegenwart. Dabei fällt Ihr Augenmerk weniger auf historische Fakten und Daten, als vielmehr auf Orte, an denen weit reichende politische Ereignisse die Lebensgeschichte vieler existenziell verändert haben. An solchen Orten haben Sie mit ihren künstlerischen Arbeiten Spuren hinterlassen. Das Projekt „Farben der Geschichte" wäre in diesem Zusammenhang besonders hervorzuheben. Wie ist die Idee entstanden, war es mit einem einzigen Werk verbunden oder war es tatsächlich schon als größeres Projekt angedacht?

Dazu muss ich zeitlich weit zurückgreifen, nämlich auf den 14. Juli 1989, den 200. Jahrestag der Französischen Revolution, der in ganz Frankreich, und besonders in Paris, eindrucksvoll gefeiert wurde.
Ich war zu Besuch bei meinen sehr nahen Freunden in Paris und wir hatten viel vor an diesem Tag. Ich bin Frühaufsteherin, aber ausnahmsweise blieb ich noch länger liegen in dem großen französischen Bett, um mich zu entspannen. Es war ein heißer Tag. Ich sehe mich mit ausgebreiteten Armen liegen, wie ich gleichsam in die Geschichte hinein- und zurückgleite. Es überfiel mich schier das Bewusstsein, ein Teil dieser langen europäischen Geschichte zu sein, also dazuzugehören, daran teilzuhaben. Denn wie sähe unsere Welt heute aus, wenn es nicht die unzähligen Errungenschaften der Französischen Revolution gegeben hätte?
In Gedanken hat mich das nicht losgelassen. Als Künstlerin wollte ich etwas davon gestalten, meine eigenen Gedanken dazu formulieren. Vielleicht in plastischen menschlichen Körpern, aber nicht nur zeichnerisch, und in welcher Erscheinungsform? Ich kam auf die Idee, mit Hemden zu arbeiten. Das Hemd ist des Menschen nahestes Kleidungsstück, jeder trägt eins, in welcher Form auch immer, und das Hemd trägt und erträgt die Lebensspuren, die bei jedem verschieden sind. Ich habe damals in Paris gleich mit meinem Nachthemd begonnen und es mit Spuren meiner Hände, also Farbabdrücken versehen. Dieses Hemd des 14. Juli musste nicht bleu-blanc-rouge sein wie die französische Trikolore. Aber dass die Geschichte symbolisch auch in Farben dargestellt werden kann, wurde mir bald zum

Anliegen. Blau zum Beispiel ist für mich die Farbe der Freiheit.
Im Juli 1994 wurde ich in die russische Exklave Kaliningrad eingeladen, weil dort, in der Heimat des großen Malers Corinth, der Lovis-Corinth-Preis der Künstlergilde Esslingen verliehen wurde. Ich wurde mit der Ehrengabe des Preises bedacht, und zur Ausstellung hatte sich die Leiterin der Staatlichen Galerie bei mir die zehn Leinwandentwürfe für meine Skulptur EUROTERRA ausgesucht in der Meinung, dass das nun geöffnete russische Gebiet Kaliningrad unbedingt zu Europa gehöre.

EUROTERRA ist eine große Doppelskulptur, aus der Sie ein Menschenpaar, Mann und Frau, negativ herausgeschlagen haben und die in Stuttgart am Platz der Deutschen Einheit ihren endgültigen Ort erhalten hat. Wie ging es mit dem Projekt in Kaliningrad weiter?

Die Eröffnung der Preisträgerausstellung in den großen Galerieräumen fand am 14. Juli 1994 statt! Mir hatte schon zuvor sehr imponiert, dass in Kaliningrad in dieser sehr schwierigen Lage des Übergangs hauptsächlich Frauen in hohen Positionen waren, sogar als Stellvertreterin des Gebietsvorsitzenden. So bereitete ich ein großes, blau eingefärbtes Hemdobjekt vor, das ich aus vielen Hemdteilen zusammensetzte, weil das Leben der Menschen ja auch nicht aus einem Stück besteht. Zusammen mit dortigen Kollegen habe ich es frei schwebend über einem See im Park installiert, und es ging in das Eigentum der Stadt über. Dieses Hemd der Freiheit wurde den Frauen von Kaliningrad gewidmet. Hier begann also mein Projekt FARBEN DER GESCHICHTE.

Gute Russischkenntnisse ermöglichten es Ihnen, den Menschen vor Ort Ihr Projekt, und auch EUROTERRA, nahe zu bringen. Sie sind auf großes Verständnis gestoßen.

Ja, das ist mir auch sehr wichtig. Die Menschen sollen sich meiner Meinung nach mit diesen Hemdobjekten identifizieren können und ihre eigene Geschichte visualisiert erleben. Ich habe in Kaliningrad auch mit Künstlerkolleginnen und -kollegen intensive Begegnungen gehabt und auf diese Weise ihre Lebensart kennen gelernt.
Die Farbe Blau trat für Kaliningrad als Hoffnungsträger auf. Sie symbolisiert aber auch das Gefühl von Freiheit und Vertrautheit. Die ausgewählte Farbe steht immer in Zusammenhang mit der Geschichte und Kultur des jeweiligen Landes. Farbe wird so zum Ausdruck von historischem Bewusstsein. Was 1994 mit diesem neuen Werk in Kaliningrad begonnen hat, wurde in den darauf folgenden Jahren zu einem erweiterten Projekt.

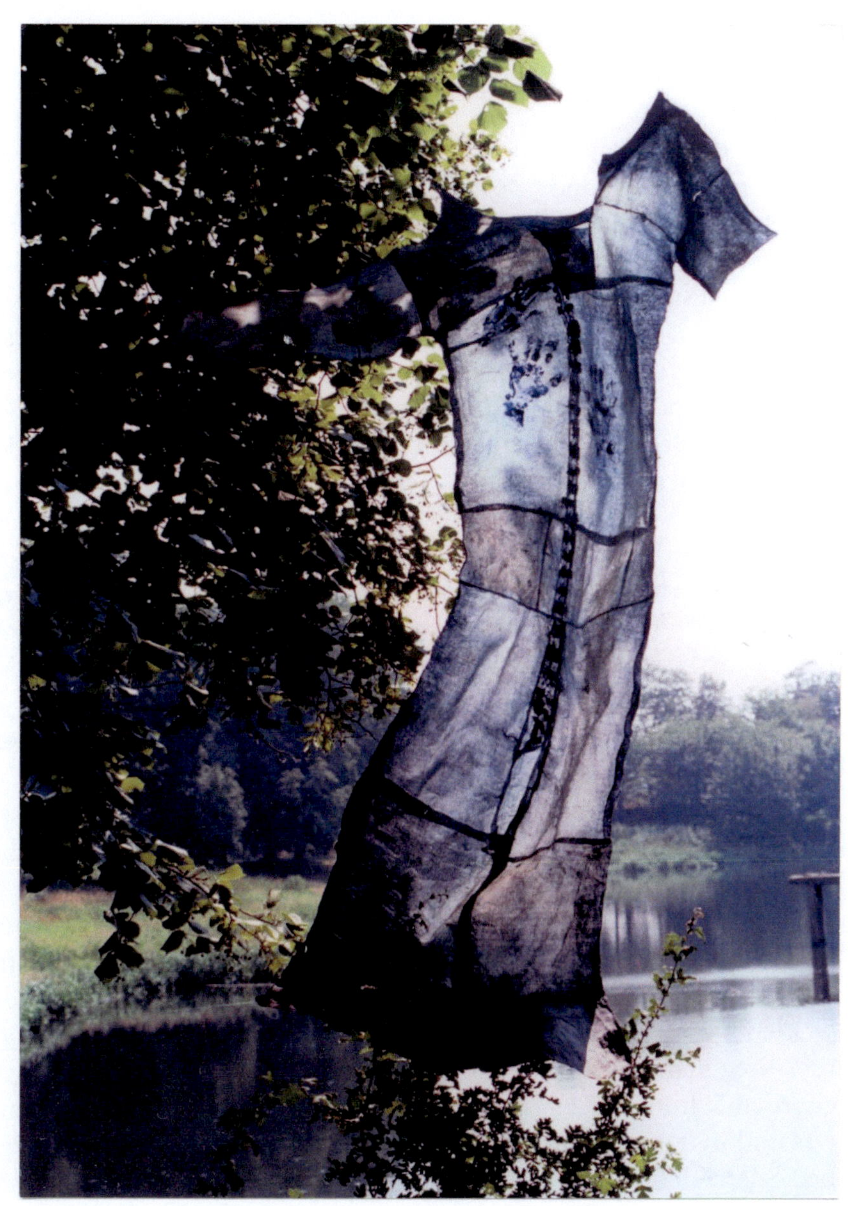

Hemd der Freiheit, den Frauen von Kaliningrad gewidmet, 1994
Dispersionsfarbe auf Baumwolle.
Höhe 220 cm.
Installiert über einem Parksee.
Staatliche Kunstgalerie Kaliningrad
(Foto Juri Pawlov)

Wo und in welcher Form haben Sie ähnliche Überlegungen künstlerisch umgesetzt?

Gerade dieses Projekt bietet mir die Möglichkeit, schöne und positive Dinge zu zeigen, und vor allen Dingen: diese Hemden sind fast ausnahmslos frei schwebend installiert, d.h. sie fliegen, sie sind wirklich rundum frei, auch wenn es vielleicht früher in der Geschichte des Landes anders war. Drei Jahre später, 1997, zum Beispiel feierte meine Geburtstadt Danzig ihr tausendjähriges Bestehen. Man lud mich ein, künstlerisch etwas beizutragen. Ich habe zwei Mauerbücher geschaffen: „Was geschrieben steht, das steht geschrieben“ verwendet Abbildungen von Wandritzungen der Gefangenen im berüchtigten Gestapo Gefängnis Pawiak in Warschau, „Das Danziger Mauerbuch“ enthält Kopien von Briefen aus dem KZ Stutthof bei Danzig und Reste von Häftlingsdecken und Barackenziegelsteinen.
Aber ich wollte nun zur Feier etwas Positives zeigen. Mein Hemdobjekt ist in festlichem Purpurrot gehalten und mit Seesand „bestreut“, über den die Füße der Menschen als authentische Abdrücke schreiten. Zweimal werden sie durch Gewaltanwendung an ihrem Weg gehindert: das zeigen die spitzigen eisernen Schuhe der Kreuzritter des Mittelalters und in der modernen Geschichte die groben Stiefel der deutschen Besatzer.

Es ist, wie öfter bei mir, ein Hemd mit Doppel-Halsausschnitt, einem männlichen und einem weiblichen. Stets verwende ich im Oberteil dieser Objekte einen originalen Halsausschnitt, während das Hemd selbst sowohl bereits abgetragene Hemdteile als auch angestückte verschiedenfarbige Flicken enthält. Illustrieren kann und will ich die Geschichte des betreffenden Landes nicht, aber wenn möglich arbeite ich vor Ort mit dortigen Bewohnern zusammen. Diese Erfahrungen, die je nach Land charakteristisch sind, empfinde ich als eine Bereicherung, auch für meine sonstige künstlerische Arbeit.

So ist es sicherlich kein Zufall, dass Sie das von Menschen getragene Hemd voller Lebensspuren, das unseren Körper umhüllt und schützt für Ihre Arbeiten als Bildträger benutzen. Welche konkrete Bedeutung hat das Hemd für Sie?

Das Hemd ist, wie schon gesagt, dem Menschen am nächsten und trägt die Spuren seines Lebens. Hemden visualisieren die Geschichte eines Landes, einer Stadt. T-Shirt-Stoff ist das demokratischste Material, diese billigen Hemden werden von allen Menschen in allen Ländern getragen. Weiße T-Shirts werden zertrennt und neu gestaltet und zu übergroßen Hemden zusammengesetzt. Einzig der Halsausschnitt zeigt das originale Menschenmaß. Das Hemd wächst und wächst, die Arbeits-

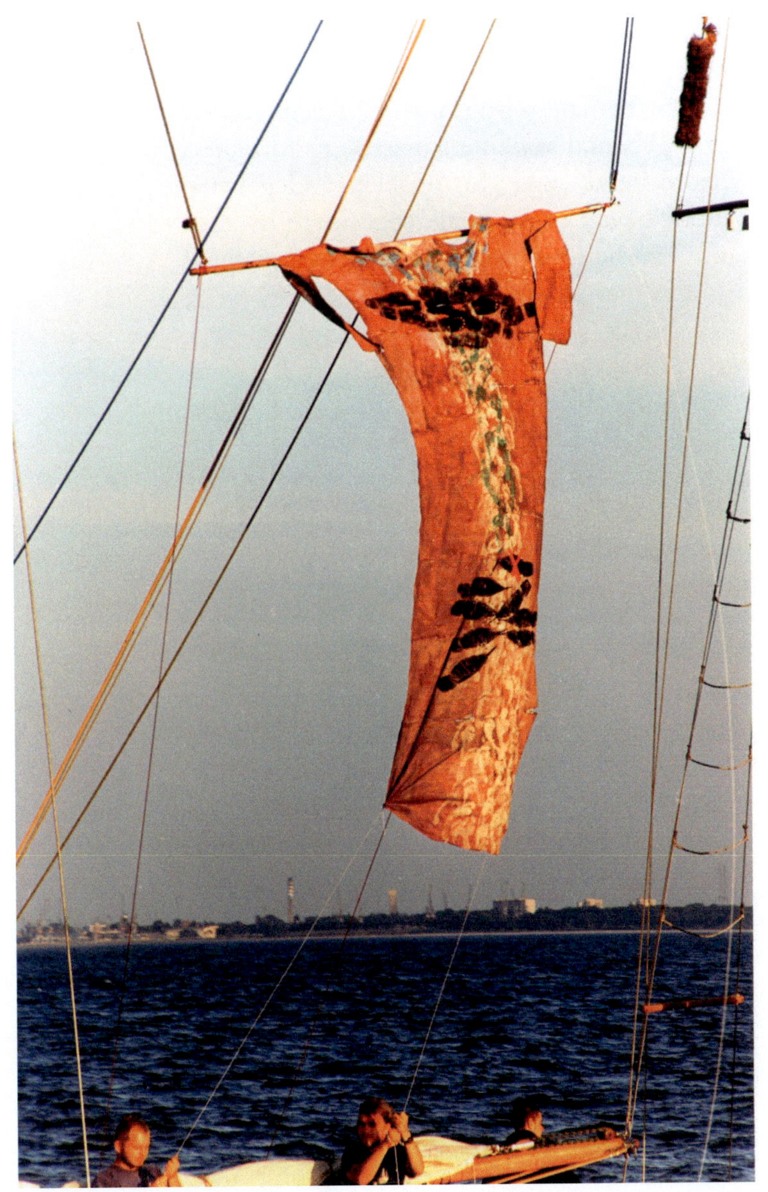

Hemd für Gdańsk/Danzig zum tausendjährigen Stadtjubiläum, 1997
Dispersionsfarbe auf Baumwolle. Höhe 400 cm. Das Hemd kreuzte vor der Küste auf einem historischen Kutter, mit dem im Krieg Waffen aus Dänemark für die polnische Widerstandsbewegung geschmuggelt wurden. Staatliches Museum Stutthof, Gdańsk. (Foto Jan Żurowski)

spuren sind zugleich Lebens- und Geschichtsspuren. Das vorbereitete Hemd, mit Dispersionsfarbe bemalt, wird dann am betreffenden Ort gegebenfalls noch ergänzend überarbeitet entsprechend den historischen Gegebenheiten, bevor es an geeigneter Stelle in Zusammenarbeit mit dortigen Künstlerkollegen und Einheimischen installiert wird.

Ihre Hemdobjekte – aber auch viele Ihrer temporären Arbeiten in der Natur – werden also meist vor Ort belassen. Sie werden nicht in einem Museum oder in einer Sammlung aufbewahrt – es kann gut möglich sein, dass sie für immer verschwinden. Wie erleben Sie das als Künstlerin, wie geht man als Kunstschaffende mit einer solchen Tatsache um?

Für mich sind das intensive Augenblicke des Schaffens, aus denen Stunden, dann, ohne Übergang, Jahre werden. Auch wenn das Kunstobjekt, angelegt auf Vergänglichkeit, verflogen und vergangen ist: das Auge der Kamera bewahrt es in seiner Momenthaftigkeit. Das sind Abenteuer, für die es andere Zeugen oft nicht gibt. Ich kann allein sein mit dem Licht, der Tageszeit, dem Meer, den Elementen an einer Stätte, die mich anzieht – oder auch bedroht. So finde ich die Orte, die von mir bezeichnet werden. Mit Farben der Geschichte. Mit feierlichem Purpur für die tausendjährige Stadt, mit dem Blau, das für Hoffnung und Freiheit steht, mit dem rätselhaften Weiß, das Fragen zulässt und doch nicht alle beantwortet. Ephemeres Ergebnis eines aufs äußerste konzentrierten Tuns, das nicht nummeriert und nirgendwo verzeichnet ist. Doch der ausgewählte Ort wird eine Zeit lang für unseren Blick verwandelt.

Zu Orten wie Kaliningrad und Danzig haben Sie einen ganz persönlichen Bezug. Sie haben aber auch an – sagen wir mal – etwas neutraleren Orten wie Berlin, Stuttgart, Dresden, Paris, Massada, Carrara, Vilnius in Litauen, Priay in Südfrankreich, Trier, und sogar in Jerusalem und New York gearbeitet.

In New York, am Ufer des East River, ist das Hemd weiß, also neutral, übrigens auch ein Doppelhemd, und es hat zwei große Löcher, rot bzw. schwarz umrandet. Die Leute, die vorbeigingen, waren verwundert und sagten spontan „Oh, Bullets over Broadway“ – und das in diesem idyllischen Park. Sie erkannten, dass sich das Rot und Schwarz auf die zum Teil immer noch herabgesetzten Menschen anderer Hautfarbe bezogen.

Mit diesen Hemdarbeiten haben Sie auch immer Spuren hinterlassen. Zeugnisse, die in Ihrem gesamten Werk immer wieder vorkommen. Einerseits haben Sie in vielen Ihrer Arbeiten Teile oder gar Fakten der Geschichte integ-

riert, andererseits gibt es Arbeiten von Ihnen im öffentlichen Raum, die selbst zu Spuren der Historie werden. Fragt man sich als Künstler, wie das Jahrhunderte später sein wird, beschäftigt man sich mit dem Schicksal der eigenen Arbeit? Oder ist für Sie das Werk – sobald es fest installiert ist – abgeschlossen?

Das ist eine interessante Frage. Ich muss feststellen, dass das für mich wohl nie ein Problem war. Ich habe darüber nicht nachgedacht. Wir sind nur Punkte im Weltall. Wenn hier später noch Menschen meine Werke wahrnehmen und sich damit auseinandersetzen können bzw. wollen, soll es mir recht sein, das fände ich sogar schön.
Christa Wolf hat ein großes Buch mit dem Titel „Was bleibt" geschrieben. Ob etwas bleiben wird von uns, wissen wir nicht, und ich habe nicht den Ehrgeiz, im Hinblick auf eine Zukunft meine Arbeiten zu kreieren. Sie können aber auch über meine Lebenszeit hinaus wirken. Mit der Gründung der Kunststiftung Sabine Hoffmann ging mein Wunsch in Erfüllung, mein künstlerisches Lebenswerk der Nachwelt zu überlassen und in Erinnerung zu halten. Das Ziel der Stiftung ist die Förderung von Bildenden Künstlerinnen – verbunden mit einem Kunstpreis –, deren Werk sich durch die Auseinandersetzung mit der condition humaine auszeichnet.
Vielmehr beschäftigt mich alles, was mit unserer Erde zu tun hat, und es gibt leider große Zukunftssorgen, wenn wir weiterhin mit unserem Planeten so unachtsam umgehen. Das sind Menschheitsfragen, sie haben aber in ihren Dimensionen wenig mit meiner kleinen und zeitbegrenzten künstlerischen Existenz zu tun. Und doch habe ich nun einmal die Gabe, schöpferische Einfälle in vielfältiger Form zum Ausdruck zu bringen. Allerdings sehe ich mich nicht als Produzentin, die ein und dieselbe Idee zu Tode reitet. Jedes Werk, jedes Projekt ist eine einmalige geistige Schöpfung, die aus dem Innersten kommt und sich oft in Kommunikation mit Erscheinungen unserer Lebenswelt gestaltet, wobei eigene Zweifel am Geschaffenen nicht ausgeschlossen sind. „Ich zeichne, also bin ich." Mehr kann ich dazu nicht sagen.

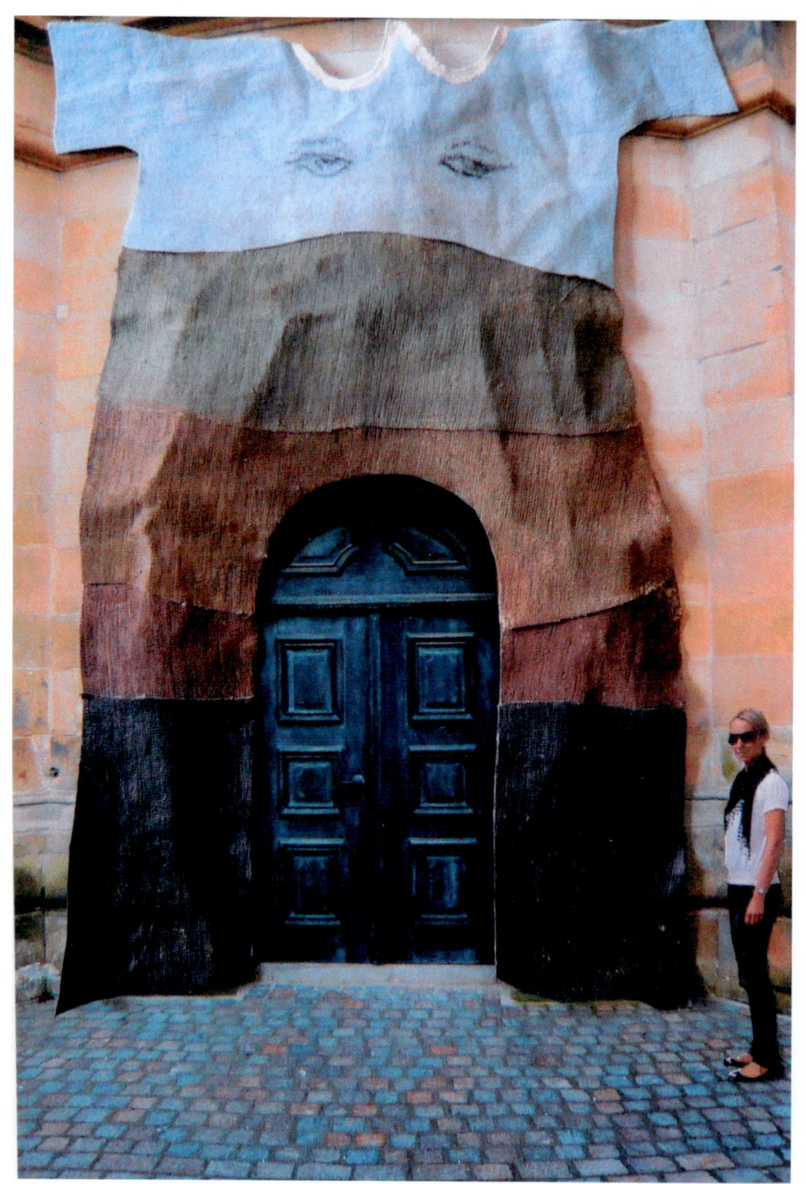

Der Rock des Menschen, 2012
Latexfarbe auf Baumwolle. Entwurf für ein Hemdobjekt, zu installieren an der Pforte zur Heilig-Rock-Kapelle im Dom zu Trier, wohlweislich nachdem der so genannte Rock Jesu nach vierwöchiger Ausstellung wieder weggeschlossen worden war.

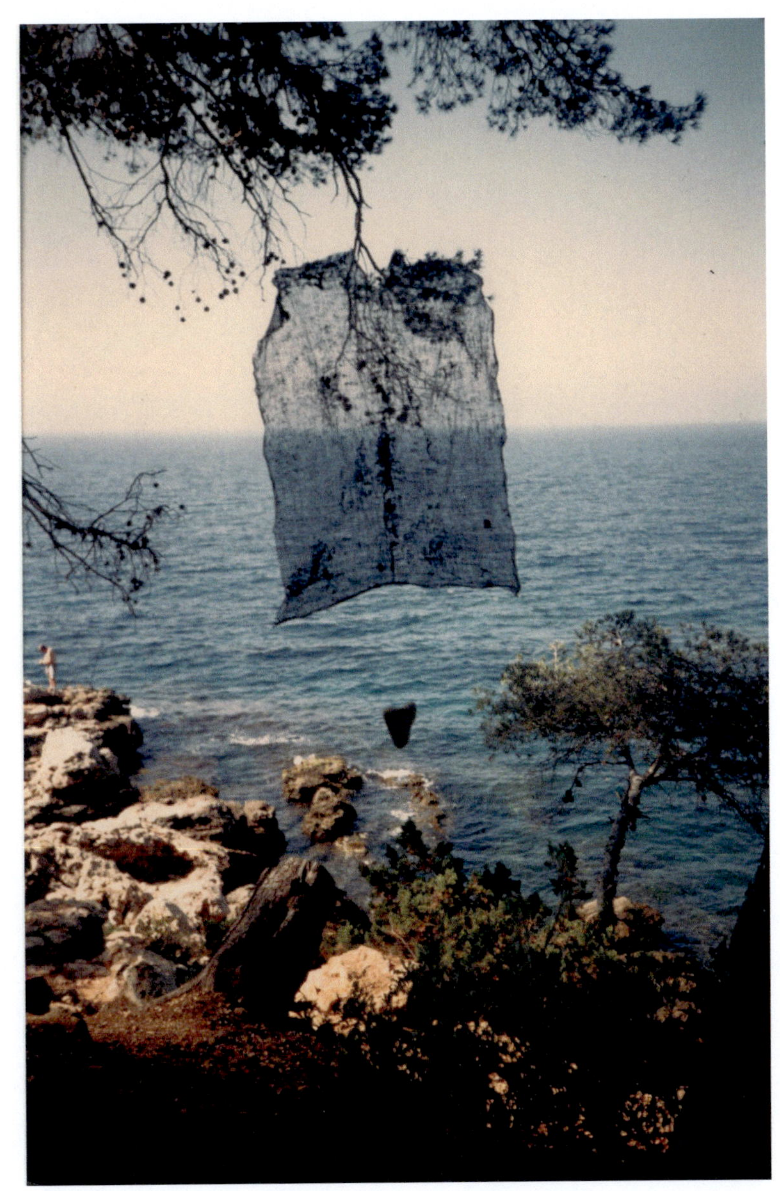

Zehn Stationen eines Sommers, 1993
Dispersionsfarbe auf Gaze, verstärkt, Positionssteine vom Ort. Die torsoartigen Gebilde wurden frei schwebend an der steilen Mittelmeerküste bei Bandol installiert.
Je ca. 60 x 42 cm

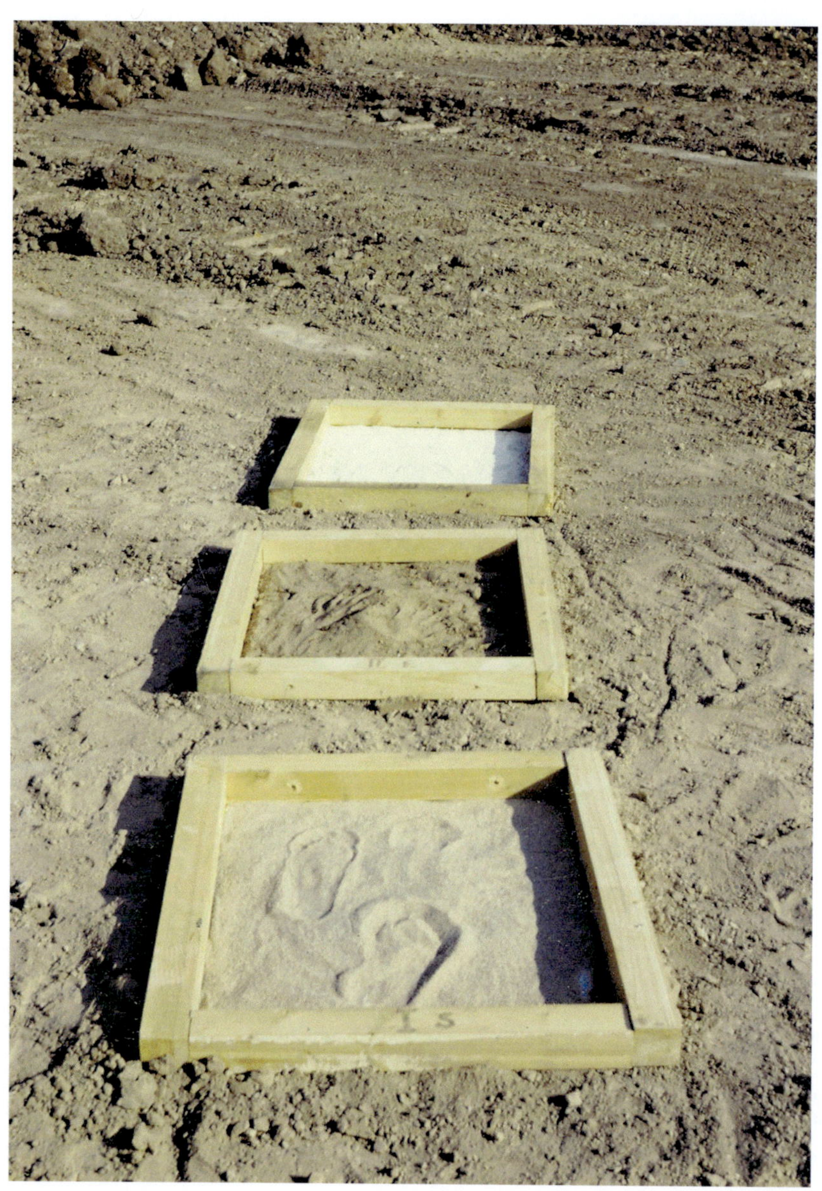

TERRA AMATA I, 1991
Seesand, Pflanzenerde, Marmorstaub, Holzleisten.
Je 80 x 80 4 cm. In Baugrube. 2000 umgearbeitet zur Installation im Innenraum.
Sammlung Würth, Künzelsau

Erde und Steine

Ihre künstlerisch-gedankliche Auseinandersetzung mit unserer Erde bot immer wieder Anlass zu vielen Arbeiten, die Sie u.a. EUROTERRA oder TERRA AMATA nannten.

Ja, ich habe zum Beispiel in einer Baugrube in der Nachbarschaft 1991 spontan eine dreiteilige Bodeninstallation geschaffen, die ich später auf Leinwand umgewandelt habe. Dieser Installation gab ich den vielleicht absurden Namen TERRA AMATA.

Allerdings scheint der Name TERRA AMATA *so absurd nicht zu sein, wenn man weiß, dass Sie im Sommer 1991 in Nizza durch Zufall auf ein kleines Museum stießen, das im Untergeschoss eines einfachen Nachkriegsmietshauses eingerichtet war. Es befindet sich im Terra Amata genannten Stadtteil am Mont Boron über dem antiken griechischen Hafen Lympia. In den dortigen Grotten hat man die frühesten Beweise menschlicher Besiedlung Europas gefunden und ausgestellt.*
Und der Zufall wollte es, dass Sie bereits vor dieser Reise in Stuttgart die Baugrubeninstallation gemacht hatten, der Sie diesen Namen gaben. Wie bei Ausgrabungen hatten Sie verschiedene Erden sowie Marmorstaub in Quadrate gefasst und in ihnen Hand- und Fußspuren und die Abdrücke Ihrer Bildhauerwerkzeuge hinterlassen. Wie haben Sie vor Ort diese überraschende Parallele erlebt?

Sicher hat mich die Begegnung mit diesem Ort in Nizza dazu geführt, auch weiterhin meine Verbundenheit mit der Erde in neuen Arbeiten zum Ausdruck zu bringen. Da komme ich zurück auf ein Mauerbuch, das ich 1997 geschaffen habe, das Mauerbuch – Sie ahnen es – der acht Verbote.

Haben Sie große Angst um unsere Zukunft?

Ja, natürlich. Unser Globus wird gedankenlos ausgeplündert, aber mit heutigen technischen Möglichkeiten wollen wir den Weltraum erobern. Den Mond haben wir schon erreicht, das war ein alter Menschheitstraum. Aber nun kratzt ein Roboter auf dem Marsboden herum und man gibt gigantische Geldsummen aus, um herauszufinden, wie man dort leben kann. Ich habe den Eindruck, dass wir Erdbewohner trotz all dieser „Errungenschaften" in unserem Denken und Handeln

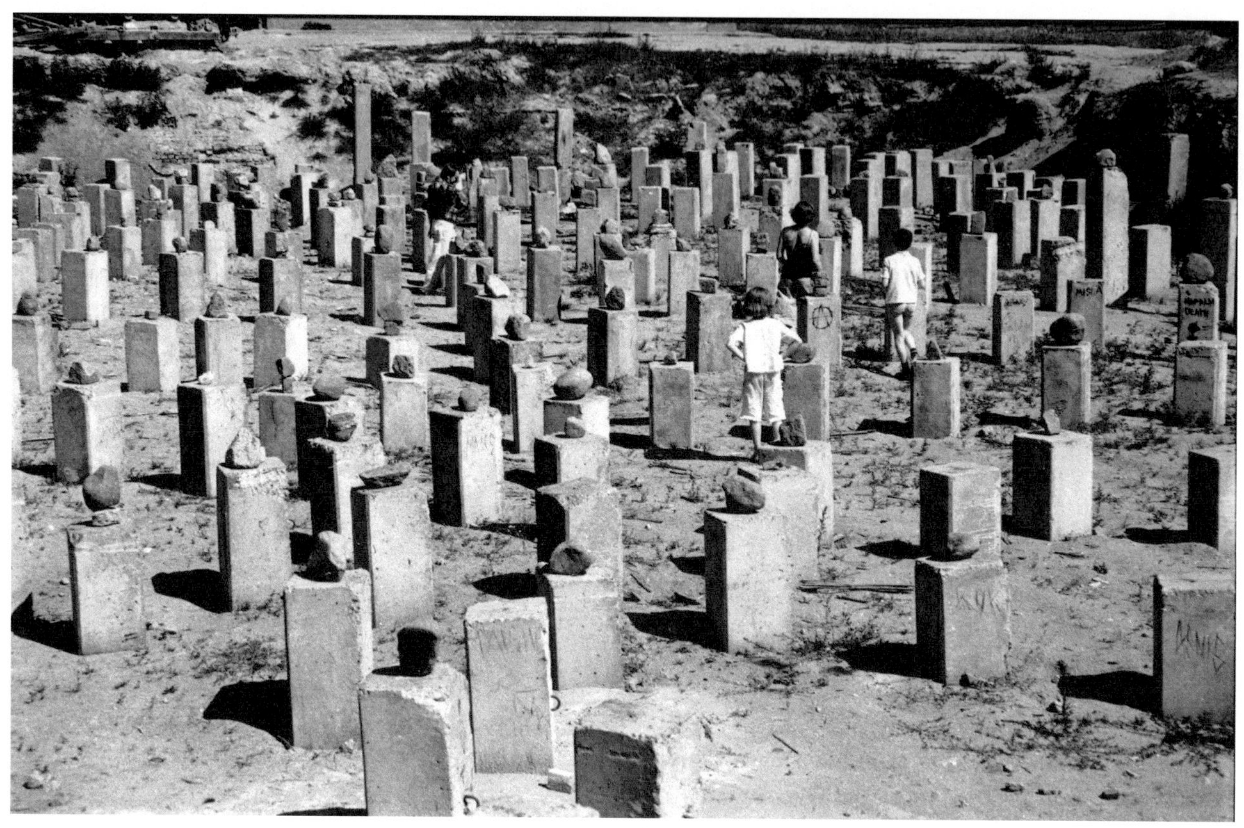

TERRA AMATA II. Unter dem Licht, 1994
Aktion in einer aufgelassenen Großbaustelle in Kaliningrad, Russland. Herumliegende Granitstücke wurden Köpfen gleich auf die Betonpfeiler gestellt. Unter dem gleißenden Sommerlicht entspann sich ein stummer Dialog der Gestalten.
(Foto Juri Pawlov)

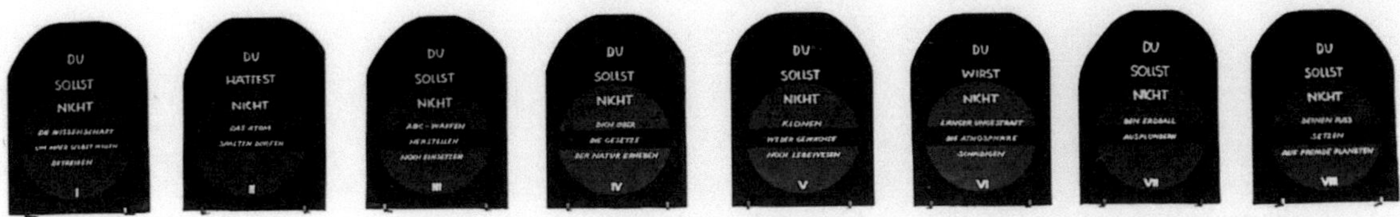

Die acht Verbote, 1997
Buchobjekte, Dispersionsfarbe, Graphit, Mauerhaken. Breite der Wandinstallation ca. 250 cm.

und in unserer Lebensführung kaum vorangekommen sind.

Ihr Mauerbuch ist ein Aufruf gegen Intoleranz und Gleichgültigkeit, gegen achtloses menschliches Handeln, mit dem wir nicht nur unserem kostbaren Lebensraum großen Schaden zufügen, sondern auch uns selbst. In diesem Sinne formulieren Sie in der Wandinstallation acht Verbote, bewusst nicht „Gebote" genannt:

DU SOLLST NICHT die Wissenschaft um ihrer selbst willen betreiben;
DU HÄTTEST NICHT das Atom spalten dürfen;
DU SOLLST NICHT ABC-Waffen herstellen noch einsetzen;
DU SOLLST NICHT dich über die Gesetze der Natur erheben;
DU SOLLST NICHT clonen, weder Gewächse noch Lebewesen;
DU WIRST NICHT länger ungestraft die Atmosphäre schädigen;
DU SOLLST NICHT den Erdball ausplündern;
DU SOLLST NICHT deinen Fuß setzen auf fremde Planeten.

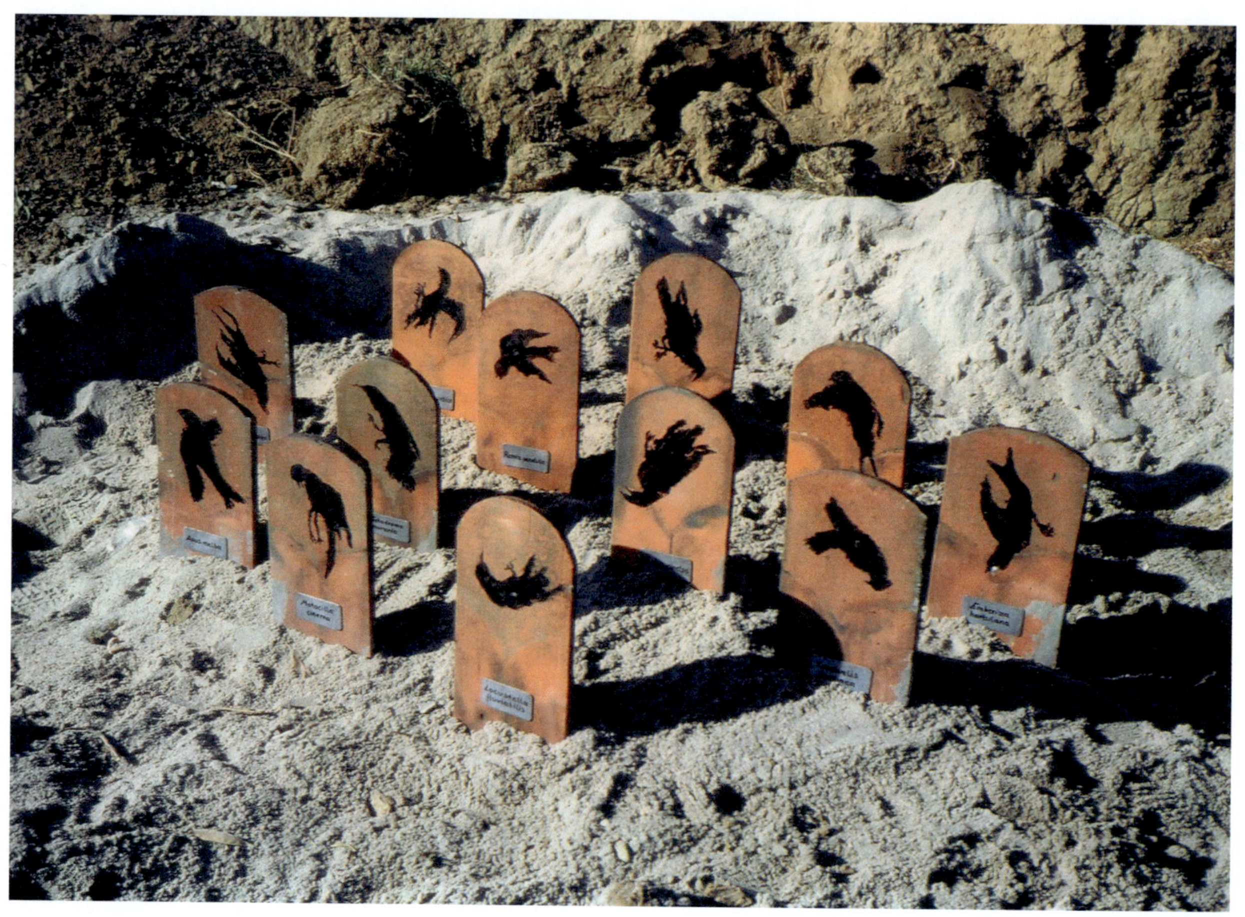

Vogelfriedhof II, 2005
Abklatsche aussterbender Vogelarten in Asphaltlack, ihre Namen stehen mit Filzschreiber auf Bleiplatten. Verwendet wurden Dachziegel von abgerissener Scheune. In dem Bauerwartungsgelände waren viele Bäume gefällt worden.
(Foto und Video Evelyn Eugénie Lepetit und Reinhard Knoedler)

Unter den acht Verboten finden wir auch einen Appell für die Natur. „Der Mensch soll sich nicht über die Gesetze der Natur erheben." Das Thema Natur spielt bei vielen Ihrer Werke eine wesentliche Rolle. Sie haben schon immer sehr gerne unter freiem Himmel gearbeitet und häufig Spuren Ihrer Schöpfung in der Landschaft hinterlassen. Welche Arbeit würden Sie in diesem Zusammenhang besonders hervorheben?

Zum Beispiel meine „Vogelfriedhöfe", genauer gesagt „Den Vogelfriedhof II", der 2005 entstand. Ich ging immer in einem Stuttgarter Vorort spazieren, wo schöne Gebüsche und Bäume und auch Gärtnereien waren. Das Gebiet wurde dann als Bauerwartungsland ausgewiesen, und eines Tages sah ich, dass alle Bäume gefällt waren. Ich hatte da zuvor besonders viele Vögel beobachten und ihren Gesang hören können. Nun war hier ein kleines Paradies verschwunden. Ich habe ganz spontan reagiert. Ich benutzte Dachpfannen, die ich, mit der Rundung nach oben, in den dort angeschütteten Bauschutt steckte. Die Ziegel hatte ich vorher mit den Silhouetten bedrohter Vogelarten in Asphaltlack und mit Schildchen aus Blei mit ihren Namen in Latein und Deutsch versehen. Dieser kleine Vogelfriedhof wurde mittels Video dokumentiert.

Kommen Vögel als realistisch abgebildete Wesen in Ihrem Werk vor oder eher in Form einer unmittelbarer künstlerischen Umsetzung als Assoziation für Fliegen und Freiheit?

Letzteres ist der Fall. Schon als Kind habe ich Vögel geliebt. Mein Vater lehrte mich die Vogelstimmen erkennen, die aus den Bäumen unseres schönen Gartens klangen. Er war ein großer Naturfreund und -kenner und auch Vorsitzender des Verschönerungsvereins der Freien Stadt Danzig. An den Wanderwegen hatte er Bänke aufstellen lassen; meine Lieblingsbank befand sich auf dem sogenannten Bilderweg, der zwischen den Vororten Oliva und Zoppot von der erhöhten Küste aus schöne Blicke auf die Ostsee gewährte. Er ließ für mich ein Vogelhäuschen zimmern, im Winter konnte ich Finken, Kernbeißer und Hausrotschwänze beobachten und füttern. Es tut mir daher heute noch weh, wenn Vögel leiden müssen.

... das kann ich sehr gut nachvollziehen. Unter allen Tieren nehmen die Vögel in den Vorstellungen und Träumen des Menschen eine ganz besondere Stellung ein. Sie spielen seit frühester Zeit in vielen Kulturen eine bedeutende Rolle. Schon die Schilderungen des Garten Eden beschreiben ihren melodiösen Gesang, der Form- und Farbenreichtum ihrer Federkleidung verschönerte das Paradies. Einzelne Vogelarten wurden vergöttert, andere als Vermittler zwischen Himmel und Erde, zwischen Dies- und

Jenseits betrachtet. Doch gerade die Fähigkeit zu fliegen ließ die Vögel zu mythischen Tieren par excellence werden.
Haben Sie sich schon einmal in die Lage eines Vogels versetzt und wären gerne davongeflogen?

Ja. Vielleicht nicht gerade um davonzufliegen, sondern eher um über das Land hinweg zu fliegen. Es ist ja auch ein geistiger Vorgang. Mit Freude setze ich dieses Thema künstlerisch um.

An einem spätsommerlichen Nachmittag erzählten Sie mir von einem einmaligen Erlebnis, das Ihnen noch lange Jahrzehnte im Gedächtnis blieb. Wissen Sie, woran ich denke?

Ich glaube, ja. Ein bleibendes, wirklich einmaliges Erlebnis war der Flug über den Nordpol nach Tokio 1958. Als einzige Fluggesellschaft flog SAS über den Pol nach Fernost. Über die Sowjetunion durfte keine westliche Linie fliegen, und „unten herum“ dauerte es endlos lange wegen der vielen Zwischenstationen. Mit einer viermotorigen DC7, in der es sogar einige Schlafkabinenplätze gab, ging es zunächst von Kopenhagen nach Anchorage und von dort nach Tokio. Eine Stunde lang hatte man während des vierzehnstündigen Fluges keinen Radarkontakt. Da ich den Captain kannte, durfte ich im Cockpit den Platz des Copiloten einnehmen. An Bord war eine doppelte Crew, so dass jeder zwischendurch schlafen konnte. Wir flogen also in Polnähe durch die tiefschwarze Nacht, in einer Art absoluter Stille; aber es stellte sich kein Gefühl des Ausgeliefertseins ein, im Gegenteil: ich fühlte mich mitten im riesigen Weltraum geborgen. Gelegentlich durfte ich an die Steuersäule und stellte fest, dass eine noch so geringe Bewegung die große Maschine spürbar hob oder senkte. Ich schien ein fliegender Mensch zu sein, allein im Kosmos – losgelöst von der Erde mit all ihren festen Gegebenheiten. Das Fliegenkönnen hat mich später immer wieder beschäftigt und in meiner Arbeit einen Niederschlag gefunden.

Ich möchte noch eine ganz spannende Arbeit ansprechen und zwar EUROMARE. Wo ist dieses Projekt entstanden?

Das war in Litauen, wohin ich im Jahr 2000 eingeladen war. Ich beteiligte mich an der zweiten Internationalen Triennale des Künstlerbuchs, und zwar mit einer großen Wandinstallation unter dem Titel „Sie werden uns überdauern“ (gemeint sind die Steine).
Übrigens gab es in der schönen Hauptstadt Vilnius interessante Begegnungen mit Kollegen aus aller Welt. Wir besuchten die Ostseeküste und stationierten in dem Seebad Nida, das früher Nidden hieß. Die Strandland-

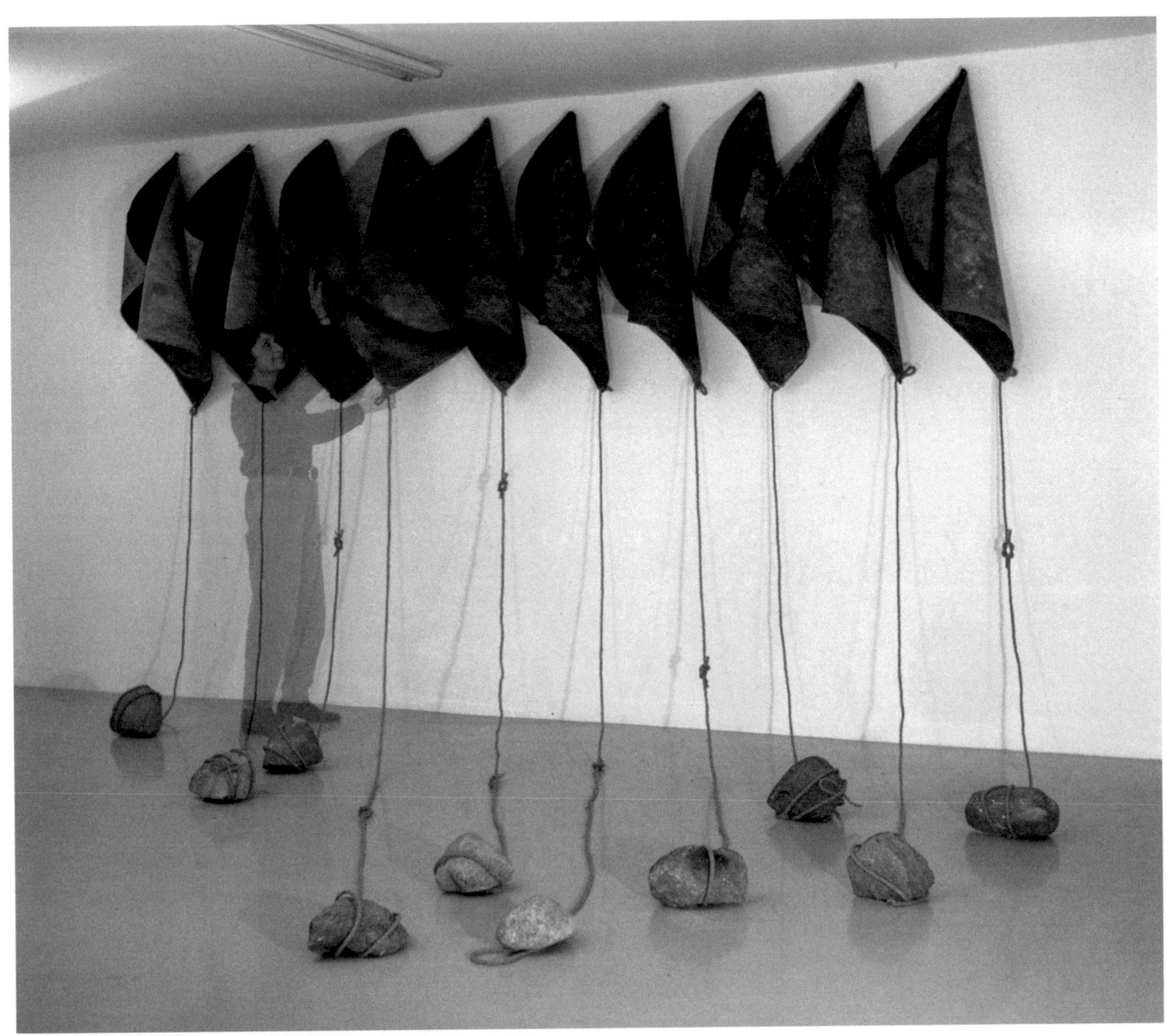

Sie – die Steine –werden uns überdauern. 2000
Dispersionsfarbe auf Karton, Seile, Geröll vom Ort der Präsentation. ....
Sammlung Würth, Künzelsau (Foto Niels Tofahrn)

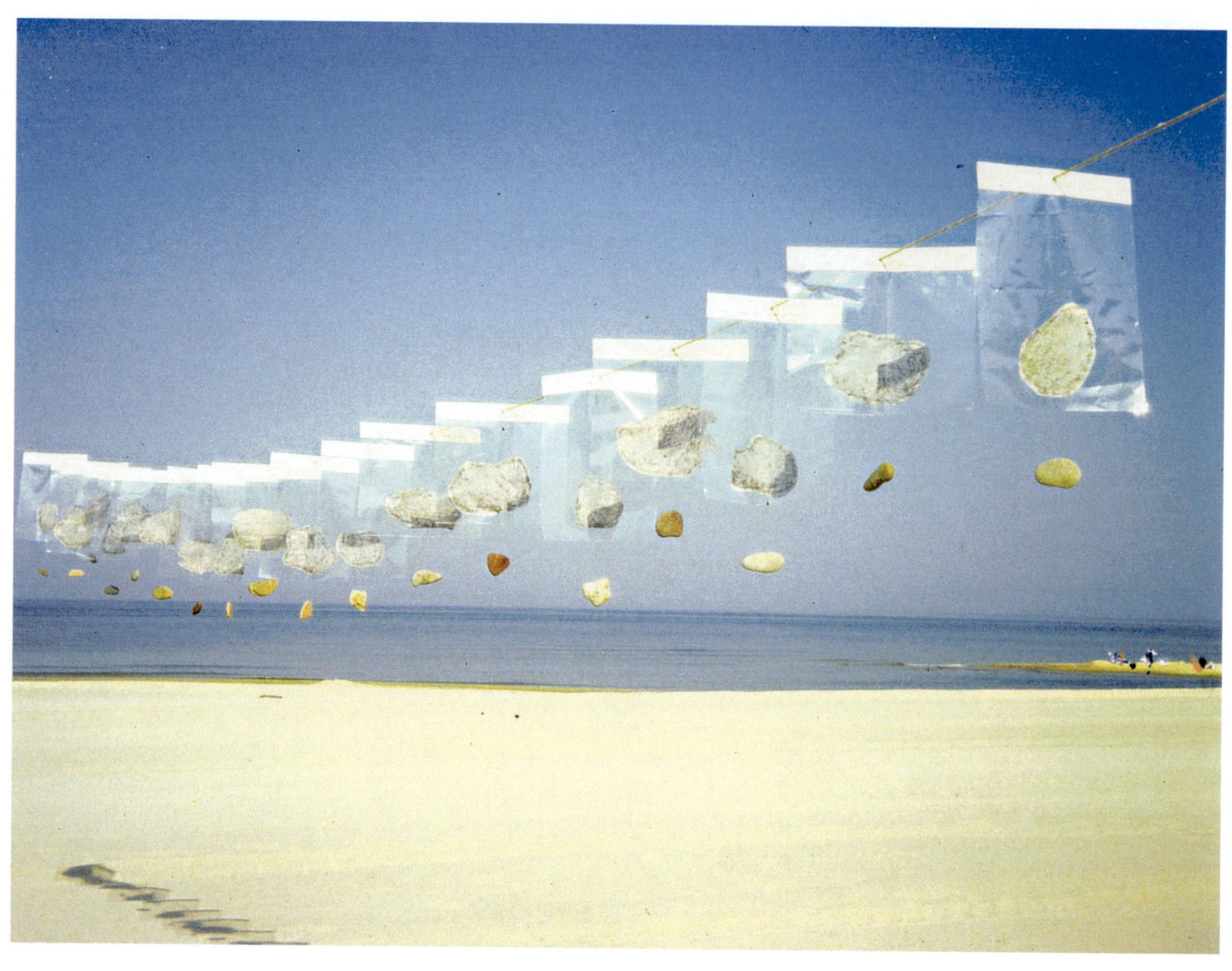

Projekt EUROMARE. Die Leichtigkeit des Schweren,
2000 bis 2002 in Nida an der litauischen Ostseeküste

schaft und die riesigen Dünen hatten es mir sofort angetan, und es kam mir und anderen der Gedanke, in dieser einmaligen Natur zu arbeiten. Analog zu meinem 1992 entstandenen Projekt EUROTERRA ergab sich hier der Name EUROMARE.

Der Leiter der Triennale erwirkte bei den Behörden die Erlaubnis, hier in der als Weltnaturerbe deklarierten Landschaft temporär künstlerische Eingriffe vorzunehmen, die – und das war ja unsere Absicht – einen neuen Blick auf die bekannten Gegebenheiten ermöglichten. Zu viert haben wir 2001 dort unsere Akzente gesetzt.

Die schrecklichen Attentate des 11. September, von denen wir im Fernsehen erfuhren, haben uns zunächst am Sinn jeglicher künstlerischer Tätigkeit zweifeln lassen. Aber dann sagten wir uns: wir tun es nun erst recht! Unter anderem gestaltete ich am Strand eine Installation über die Leichtigkeit des Schweren. Gedichtzeilen des polnischen Autors Zbigniew Herbert über das Wesen von Kieseln, wie sie ja in großer Vielgestalt im Sande lagen, schrieb ich auf Folien, die durch eingehängte kleine Kiesel am Davonfliegen gehindert wurden.

Die Menschen am Badestrand haben gespannt dieses Spiel der Gegensätze von hart und zart verfolgt. Es machte mir Freude, durch diese vorübergehende Gestaltung den Ort für eine Weile zu verwandeln.

Der Kiesel ist ein Geschöpf vollkommen
sich selber gleich
auf seine Grenzen bedacht
genau erfüllt vom steinernen Sinn
mit einem Geruch der an nichts erinnert
nichts verscheucht keinen Wunsch erweckt
sein Eifer und seine Kühle
sind richtig und voller Würde
ich spür einen schweren Vorwurf
halt ihn in der Hand
weil dann seinen edlen Leib
die falsche Wärme durchdringt…"

(Zbigniew Herbert, Kiesel)

Gibt es vielleicht auch persönliche Erlebnisse, die mit ihrem besonderen Verhältnis zu Kieseln zusammenhängen?

In der Studienzeit in Köln war ich ja sehr arm und konnte mir manchmal sogar die Zuteilungen der Lebensmittelkarten nicht leisten. Ich habe damals gehungert. Aber Spaziergänge am Rhein, in dem man sogar schwimmen durfte, machte ich gern. Ich sammelte die schönen kleinen Kiesel auf und nahm sie nach Hause. Ich hatte ausprobiert, dass man sie lutschen kann, um ein wenig den Hunger zu stillen, und dass besonders die grünlichen Kiesel relativ gut schmeckten. Später war mir klar: sie waren mit Algen bezogen und daher eine Art Lebensmittel für mich. Einmal, nachts, wäre ich beinahe erstickt, weil ich während des Lutschens eingeschlafen war. Als meine Wirtin Frau Mayer das erfuhr, hat sie mir immer wieder etwas von ihrem Essen abgegeben, denn die Verfolgten erhielten von der UNRRA (United Nations Relief and Rehabilitation Administration) Lebensmittelpakete. Ohne diese Hilfe wäre ich vielleicht verhungert.

Neben Kieselsteinen haben Sie auch noch ganz andere Steine in Ihre Arbeiten integriert, beispielsweise griechischen Marmor, minoische Tonscherben oder Triestiner Kalkstein. Beim Projekt „Stein-Kammern" handelt es sich um eine ganze Serie von zeichnerischen Arbeiten. Sie zeigen verschiedene, Schatzkammern ähnliche Behausungen, die den geliebten und geschätzten Steinen einen unterirdischen Schutzraum geben, damit ihre Vielfalt dem Gedächtnis erhalten bleibt. Das Schicksal der Steine liegt Ihnen besonders am Herzen. Erinnern Sie sich noch, wann und wo Sie die ersten Steine gesammelt haben?

Die Schönheit in der Landschaft aufgesammelter Gesteinsmuster kam mir erstmals 1995 in Israel vor Augen, speziell in der Wüste Negev und in Jerusalem. Seitdem habe ich immer wieder Steine mit nach Hause gebracht, die für das jeweilige Land charakteristisch waren.

Ich möchte noch auf eine wichtige temporäre Aktion im urbanen Raum zu sprechen

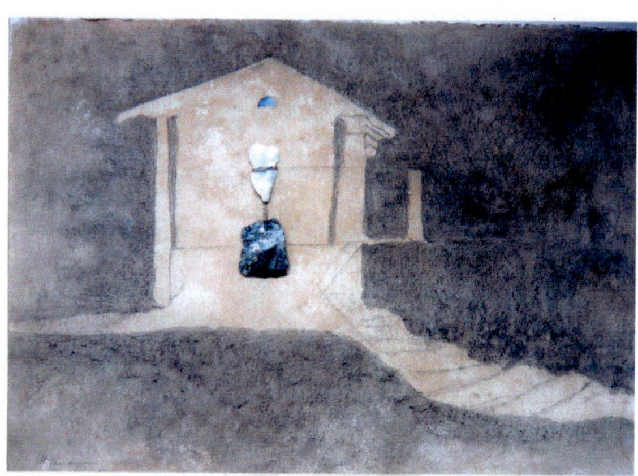

Aus dem Projekt Stein-Kammern
Das schöne Haus, 2004. Aquarell und Graphit auf handgeschöpftem Büttenkarton, Gesteinsarten

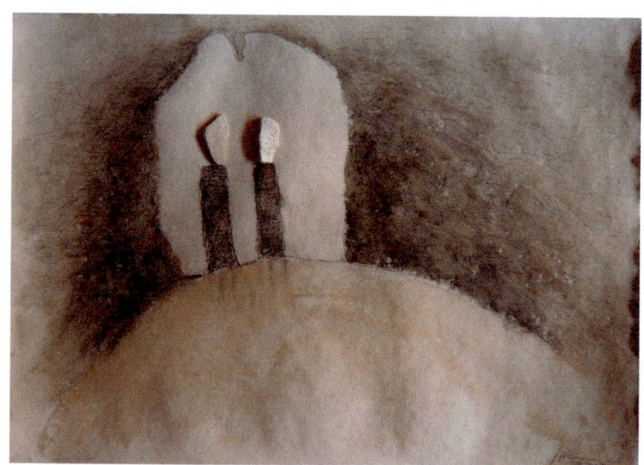

Aus dem Projekt Stein-Kammern
Am Toten Meer, 1995. Aquarell und Graphit auf handgeschöpftem Büttenkarton, Gesteinsarten

kommen, weil sie heute eine neue Aktualität erfährt. Inspiriert von antiken Grabungshügeln, den so genannten Tells, die dem Blick der Forscher frühere Besiedlungsschichten freigeben, haben Sie im Sommer 2000 neun TELLS auf den Abraumhalden des gigantischen Bauprojekts „Stuttgart 21", der Verlegung des Hauptbahnhofs unter die Erde, realisiert. Das Thema auf unsere Zeit übertragend, entstand eine Vielzahl von Arbeiten auf Papier und anderen Bildträgern. Was ist hier Ihre Botschaft?

In diesem Themenbereich habe ich versucht, Utopien ebenso wie existenzielle Lebenssituationen zu visualisieren. Diese Schuttberge enthalten keinerlei Geheimnis, noch geben sie Rätsel auf über das Woher – Wohin. Sie enthalten nur gestaltlose Überbleibsel.

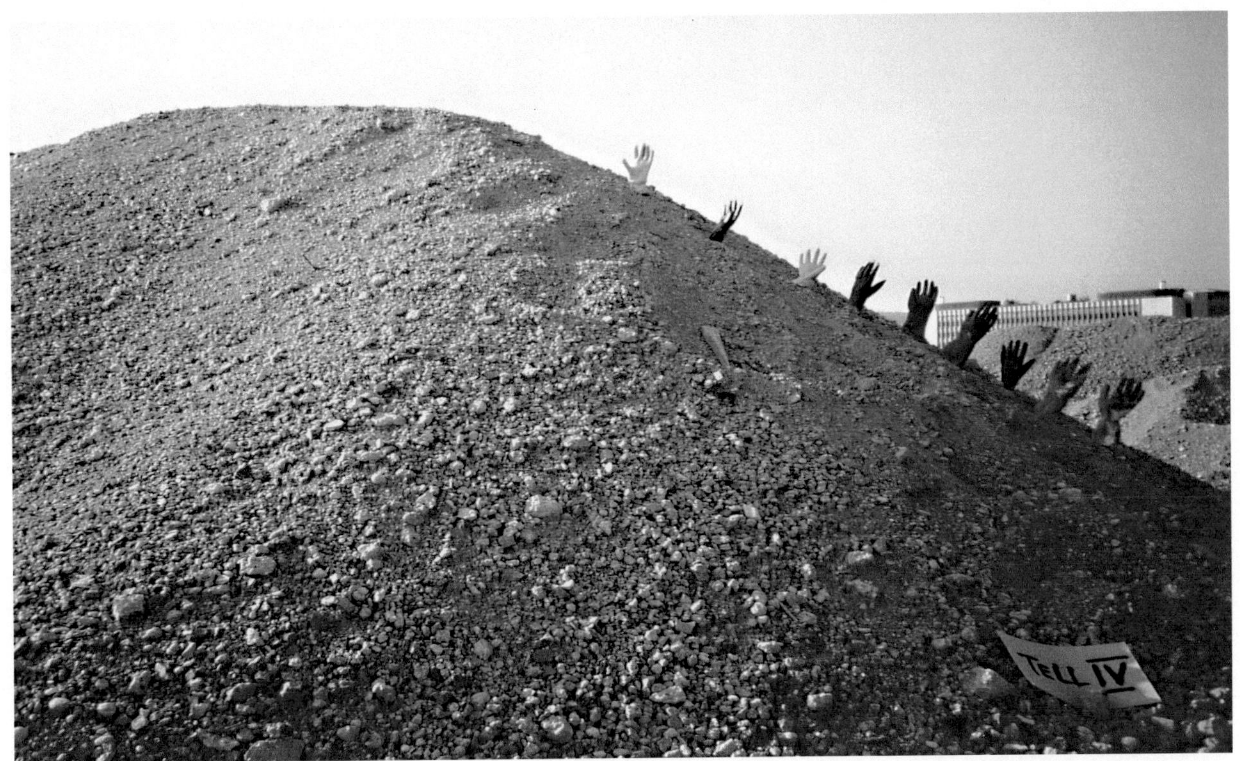

Tells 2000 Arbeits- und Haushaltshandschuhe als Hände gestaltet. Eine Aktion auf dem Abrissgelände hinter dem Stuttgarter Hauptbahnhof. Die Hände ragen wie Hilfe suchend aus neun der dort angeschütteten Hügel.

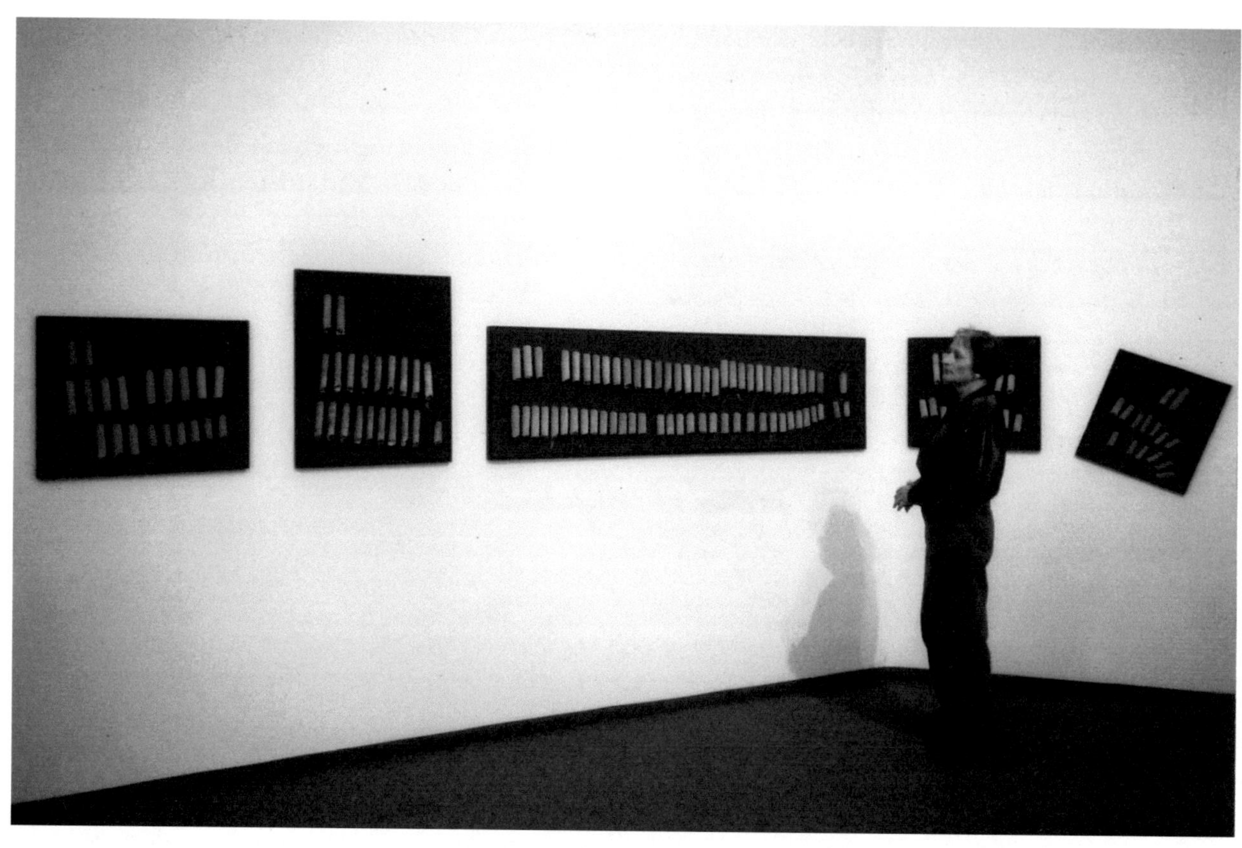

Words... Words... Words..., 1992
Moltonstoff auf Holz, schwarz gerahmt, Extraktionshülsen, Blei. Sammlung Würth, Künzelsau (Foto Niels Tofahrn)

Wörter – Worte – Stille

Sie haben ein besonderes Verhältnis zu Wörtern und Worten. Was bedeuten Wörter für Sie?

Wörter sind für mich das, was die Menschen täglich von sich geben, sie sind unsere Umgangssprache. Aber leider auch das unsägliche Geschwätz, mit dem wir in den neuen Medien konfrontiert werden, wenn wir es nicht über uns bringen, die Aus-Taste zu drücken.

Sie meinen die Phrasen, Abkürzungen und das abstrakte Gerede, die wir in unserem Alltag immer häufiger hören. In der Tat vermisst man eine klare Sprache. Statt die Sache auf den Punkt zu bringen, wird über die Sache hinweg geredet. Es entstehen Wortfloskeln und Leerformeln ohne Inhalt und Substanz, worunter häufig nicht nur die Verständlichkeit, sondern auch der Sinn der Aussage leidet. Authentischer und überzeugender wären klar formulierte, verständliche Worte.
Diesen sprachlichen Unachtsamkeiten in Stil und Wortwahl wenden Sie sich ironisch zu und machen in Ihrer Arbeit „Words…Words… Words…" die inhaltsleeren Worthülsen zum Thema. Auf fünf mit feierlichem Moltonstoff bespannten Tafeln brachten Sie in mehreren Reihen eingefärbte Extraktionshülsen aus dem Laborbedarf auf. Sie stehen als ein ideales Ausdrucksmittel stellvertretend für die gesprochenen Worte der Festansprachen bei offiziellen Anlässen. Die bleiernen Worte einer Rede werden durch Tropfen aus Blei, die ab und zu aus den Worthülsen fließen, symbolisiert. Das Werk enthält eine Art hintergründigen Humor, man muss es nicht zu ernst nehmen.
Was löste bei Ihnen eine solche bildliche Umsetzung aus?

1992 feierte das Institut für Auslandsbeziehungen in Stuttgart sein 25jähriges Jubiläum. Es waren fünf Würdenträger als Vortragende geladen, das erlauchte Publikum, zu dem ich offenbar gehörte und eine Kollegin mitbringen durfte, zeichnete sich durch schwarze Anzüge und bei den Damen reichlich Gold und Silber aus. Wir zwei jedoch passten nicht da hinein, wir waren bunt gekleidet und trugen etwas ausgefallene Hüte. Die Redner hingegen – besonders der dritte – haben eintönige, fast bleierne Worte von sich gegeben, die in der immerhin etwas muntereren Aufforderung des Oberbürgermeisters Rommel zum kalten Buffet im Schloss endeten. Diese

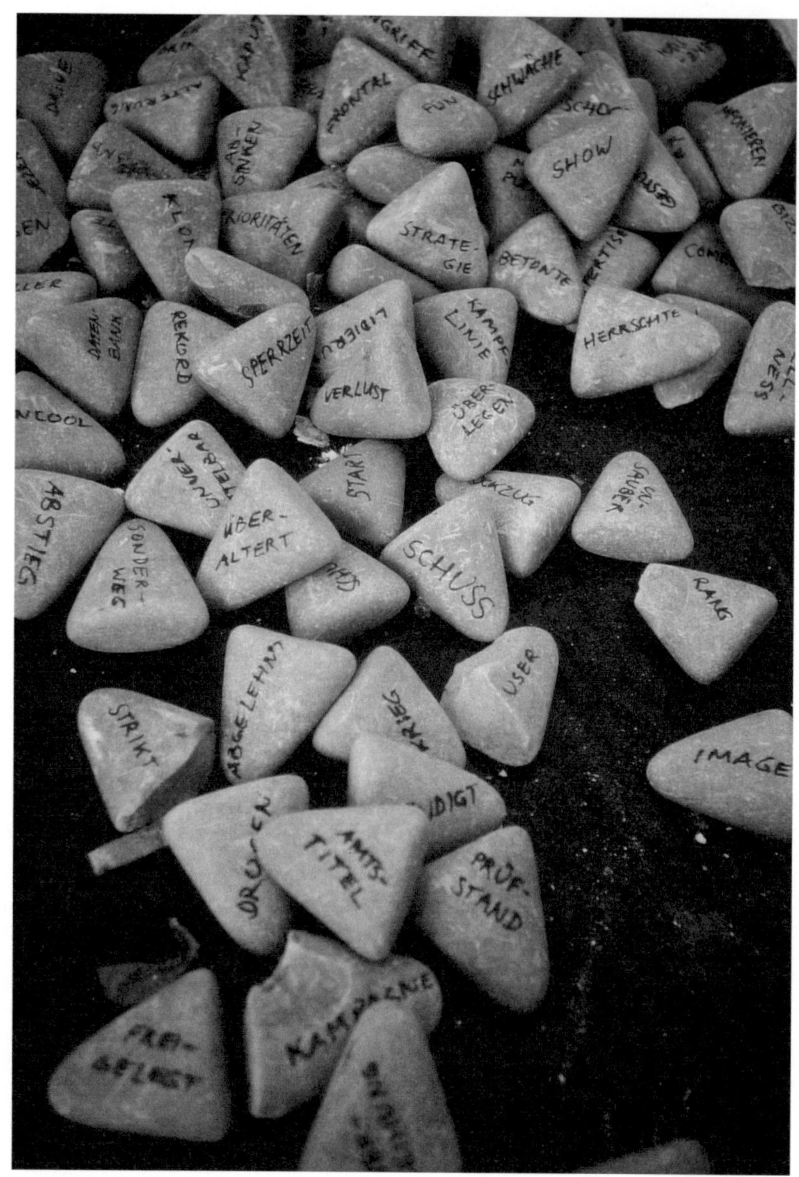

Wortmüll, 2003
Filzstift auf Honsteinen, Plane

unlebendige, hauptsächlich auf Selbstdarstellung beruhende Veranstaltung hat mich erstmals zu einer künstlerischen Umsetzung des Themas veranlasst. Später kam ich immer wieder einmal darauf zurück, leere oder auch unpassende „Wortausbrüche" zu visualisieren. Ich bezog mich meist auf eine bestimmte Veranstaltung und weiß selbst, wer die Redner waren. Es handelt sich quasi um einen Geheimcode, ich verrate die Namen nicht.

Das stetige Wachsen einer Sprache ist natürlich immer von gesellschaftlichen und kulturellen Änderungen abhängig. Neue Wörter aus anderen Sprachen werden zunehmend in den allgemeinen Wortschatz aufgenommen. In der deutschen Sprache kann man einen immer stärker werdenden Einfluss der englischen Sprache beobachten. Häufig hört oder liest man einen unsinnigen und überflüssigen Gebrauch von Anglizismen, bei denen man vergebens nach einem praktischen Nutzen sucht. Wie sehen Sie diese sprachliche Entwicklung?

Auch gibt es Neologismen, aber die sollten nicht aus verstümmeltem bzw. falsch angewandtem Englisch bestehen. Einer verständlichen und zugleich gewandten Ausdrucksweise kann man sich auch heute noch befleißigen; denn unsere Sprache ist unendlich reich… Ich lese und höre gern eine gepflegte Sprache und genieße es, wenn moderne Autoren sich ausdrucksvoll und kreativ mitteilen. Alles andere ist Wort-Müll!

Diese Betrachtungsweise bringt Ihre Bodeninstallation mit dem Titel „Wort-Müll" aus dem Jahr 2003 unmittelbar zum Ausdruck. Auf einer schwarzen Plane erscheinen zahlreiche dreieckige Honsteine. Sie sind doppelseitig mit einzelnen deutschen und englischen Wörtern beschriftet und liegen wie auf einen Haufen geworfen herum. Schlagworte, Unworte und banale Ausdrücke unserer geläufigen Kommunikationssprache. Eine deutliche Kritik an unserem Sprachgebrauch. Wenn man es besser machen möchte, wäre das Ihrer Ansicht nach eine Frage der sprachlichen Selbstdisziplin, das heißt, sollten wir vielmehr unser Sprachverhalten kritisch hinterfragen, damit nicht so viel Wortmüll entsteht?

Ich fürchte, das wird sich nicht durchsetzen lassen. Der Schwall mediengerechter Kurzwörter wird von allen Gesellschaftsschichten produziert. Auch Ausdrucks- und Grammatikfehler haben sich längst eingebürgert, sogar bei Akademikern. Ich habe nach der politischen Wende bemerkt, dass die DDR-Bürger noch am längsten ein einwandfreies Deutsch gesprochen haben; aber das ist wohl auch vorbei.

Die deutsche Sprache hat sich im Laufe der Geschichte viele Wörter, Begriffe und Redewendungen aus dem Französischen einverleibt. Das

Französische gehörte in gebildeten Kreisen im 18. und 19. Jahrhundert zum guten Ton. Es war natürlich auch die Sprache der Aufklärung, ohne deren Philosophen und Literaten das europäische Gedankengut unvorstellbar wäre. In den 1950er und 60er Jahren erreichte in Westdeutschland die US-amerikanische Konsum- und Marketingkultur ihren Höhepunkt, in deren Folge viele englische Wörter im deutschen Sprachgebrauch Verwendung fanden. Die Globalisierung hat dieses Phänomen noch mehr verstärkt. Sind Ihrer Meinung nach diese Einflüsse aus zwei unterschiedlichen Sprachen miteinander vergleichbar?

Sicher nicht! Aus Frankreich waren es geistige Impulse und freiheitliches Denken, die auf Deutschland ausstrahlten und nicht ohne Grund Eingang in die deutsche Volkssprache fanden. Und das Französische gilt auch heute noch als Sprache der Diplomatie und zum Teil auch im internationalen Postverkehr.
Das amerikanische Englisch ist nach dem Krieg in unsere Sprache quasi eingedrungen, das hat politische und vor allem wirtschaftliche, also materielle Gründe; Westdeutschland war von der Weltmacht USA abhängig. Ihr haben wir immerhin das so genannte Wirtschaftswunder zu verdanken. Inzwischen sind wir so weit gekommen, dass ich bei meinem Materialhändler auf den Plastiktüten lesen kann: „Für home und office"!

Ihr besonderes Verhältnis zur französischen Sprache wird immer wieder deutlich. Einige Werke versehen Sie mit französischen Titeln.

Wenn ein Erlebnis, das mit Frankreich zu tun hat, der Auslöser zu einem Werk ist, gebe ich ihm den Titel in dieser Sprache, sie trägt in ihrer Besonderheit oft wesentlich zur Art des Werkes bei. Englische Titel gibt es bei mir fast gar nicht. Dass ich über „Words…" arbeite, macht klar, was ich von diesen Wörtern halte.

Von sprachlicher Überfremdung im Deutschen kommen wir zurück zur deutschen Sprache. In deutlichem Gegensatz zu Ihren humorvollen Werken über Worthülsen und Wortmüll stehen die ernst zu nehmenden Arbeiten, in denen es nicht mehr um Wörter, sondern um Worte geht, um Worte aus geistreichen Gedanken. Ihre Werkgruppe „Sein und Werden" besteht aus 14 auf Sockeln gestellten Büsten. Zu erkennen sind Köpfe ohne Ohren und Augen. Stattdessen können wir durch schmale Fenster in jedem Stirn- oder Hinterkopfbereich geschriebene Wort-/Zitate lesen, sozusagen „Gedanken lesen". So heißt es beispielsweise „Bewahre den Schatten, bevor das Wesen verblasst ist." von Susan Sontag oder „Die Zukunft dauert, so lange die Worte währen." von Theodoros Angellopoulos. Die Köpfe sind immer wieder in Ihren Ausstellungen zu sehen. Die Arbeit scheint Ihnen sehr wichtig zu sein.

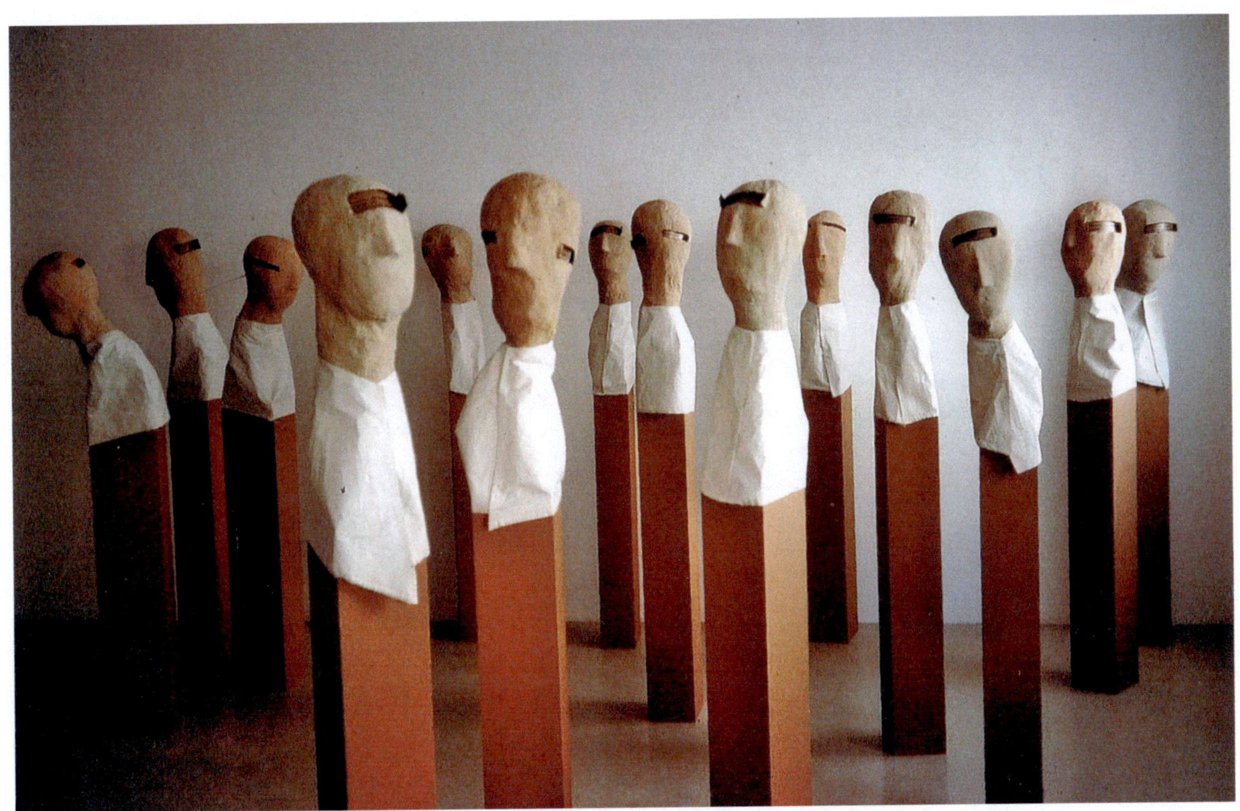

Sein und Werden, 2004
Gewebe, Spachtelmasse, Dispersionsfarbe, Tusche und Fotostift auf Folie, Sockel aus Sandwichkarton.

Ich hätte nicht gedacht, dass diese anspruchsvolle Arbeit von den Betrachtern so intensiv wahrgenommen wird. Sie muss wohl ein Bedürfnis nach Reflexion und Selbstreflexion befriedigen. Sie ist in der Tat schon mehrmals ausgestellt worden, daher kann ich ihr jetzt eine gewisse Wichtigkeit zusprechen.

Das Material und die Farbigkeit sind sehr neutral und unauffällig gehalten, damit wir uns auf die Worte in den Köpfen konzentrieren. Der Kopf als Sitz der Gedanken und Empfindungen, der Stimme und der Sprache, Zentrum des Geistes und der Intelligenz, aber auch der Psyche, spielt im wörtlichen und

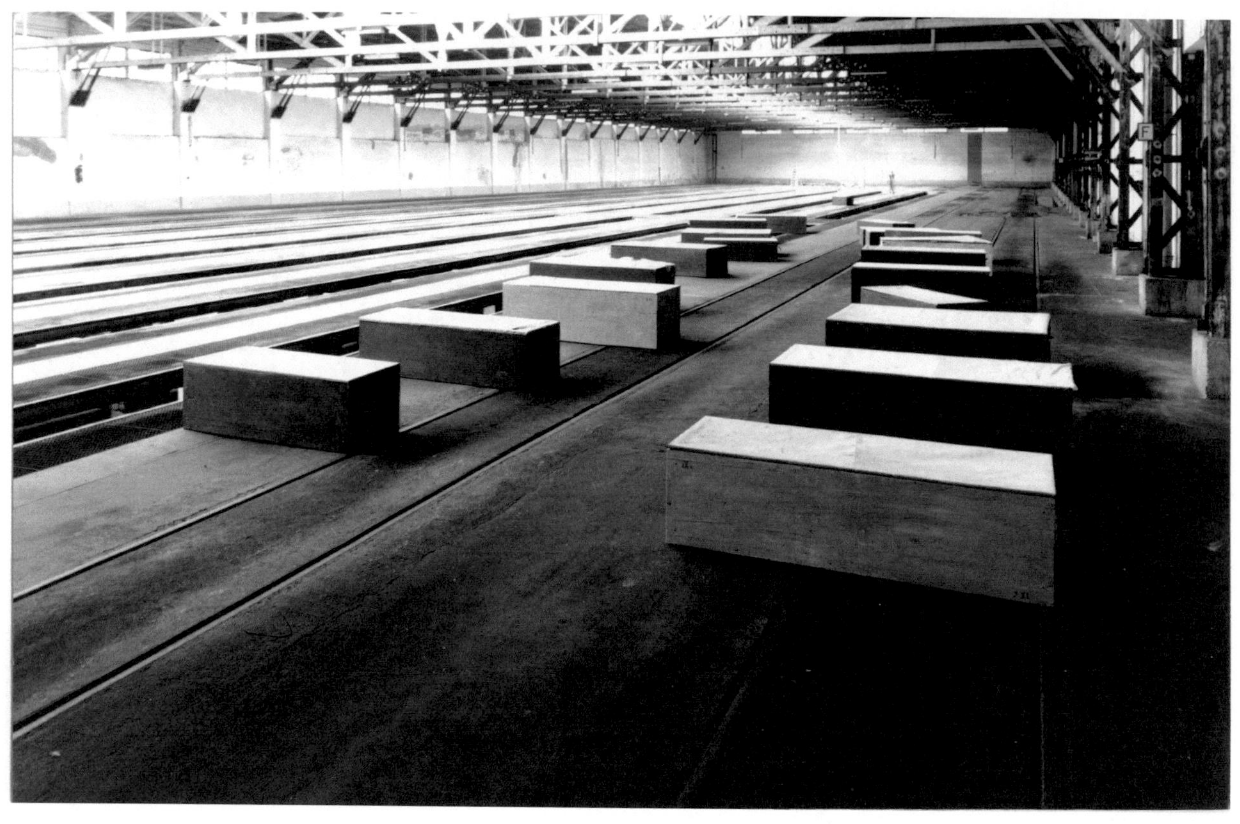

Solitude… Über das Schweigen in weiten Räumen. Installation aus 21 Bettkästen mit Leinwandauflage und Tragevorrichtung im ehemaligen Straßenbahndepot Vogelsang in Stuttgart 1990. Öl auf Leinwand, Schalbretter. (Foto Herwig Seemann)

bildlichen Sinn die Hauptrolle und wird zum zentralen Bildmotiv vieler Werke.
Die beinahe gleichen formalen Elemente zeigt eine frühere Installation mit dem Titel „Le silence absolu". Hier haben die Köpfe zwar Ohren, aber keinen Mund. Die Augen sind mit breiten Stoffstreifen zugedeckt und sollen visuell andeuten, was wir sehen können, wenn wir mit geschlossenen Augen nach innen schauen. Dem Werk liegt ein Gedanke von Frida Kahlo zu Grunde: „Wenn wir mit geschlossenen Augen in unser Inneres schauen, vernehmen wir die Stimmen einer vollkommenen Stille."

Braucht man für die Entstehung solcher Arbeiten einen besonders stillen Ort?

Ich denke schon. Eine leere Kirche, ein aufgelassenes Gebäude, ja sogar das Krankenlager bei einem meiner Unfälle brachten mich dazu, nach innen zu hören und ganz bei mir selbst zu sein. Dann kommt mir vielleicht bald oder aber später die Idee für eine künstlerische Arbeit, die meist mit der ursprünglichen Situation wenig zu tun hat. Allerdings war es die tiefe Stille in den Pinienwäldern der Provence, die Anlass zu „Le silence absolu" gab.
Ich bin seit 1968 immer wieder in ein Malerdorf in der Provence, nahe der römischen Stadt Vaison-la-Romaine, gefahren und habe die Umgebung ausführlich kennengelernt. Bei Wanderungen in den dichten alten Pinienwäldern auf kaum begangenen Pfaden überkommt einen die Stille im sonnenglühenden Mittag, und wenn man die Augen schließt, nimmt man nur den Duft der Vegetation und den einförmigen Gesang der Grillen wahr. Man ist ganz bei sich selbst. Es ist, als würde man ein Teil dieser uralten, unbesiegbaren Natur. Das

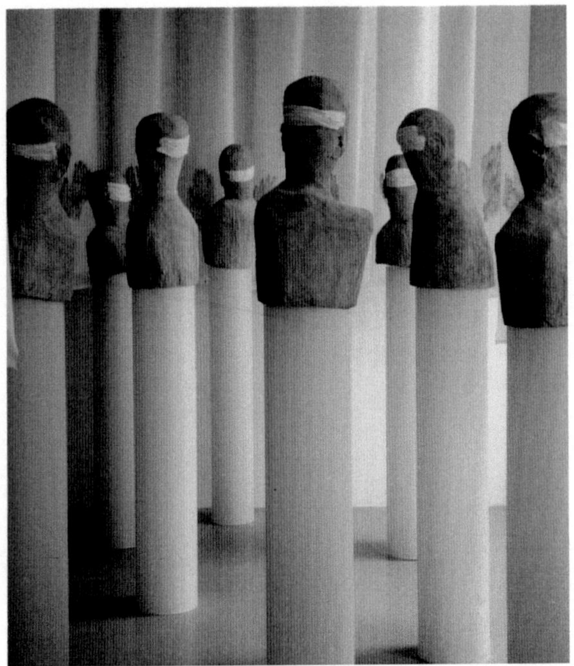

Le silence absolu, 2000 (Die vollkommene Stille); Gewebe, Gips, Dispersionsfarbe, Kreiden, verkleidete Acrylglassäulen. Sammlung Würth, Künzelsau

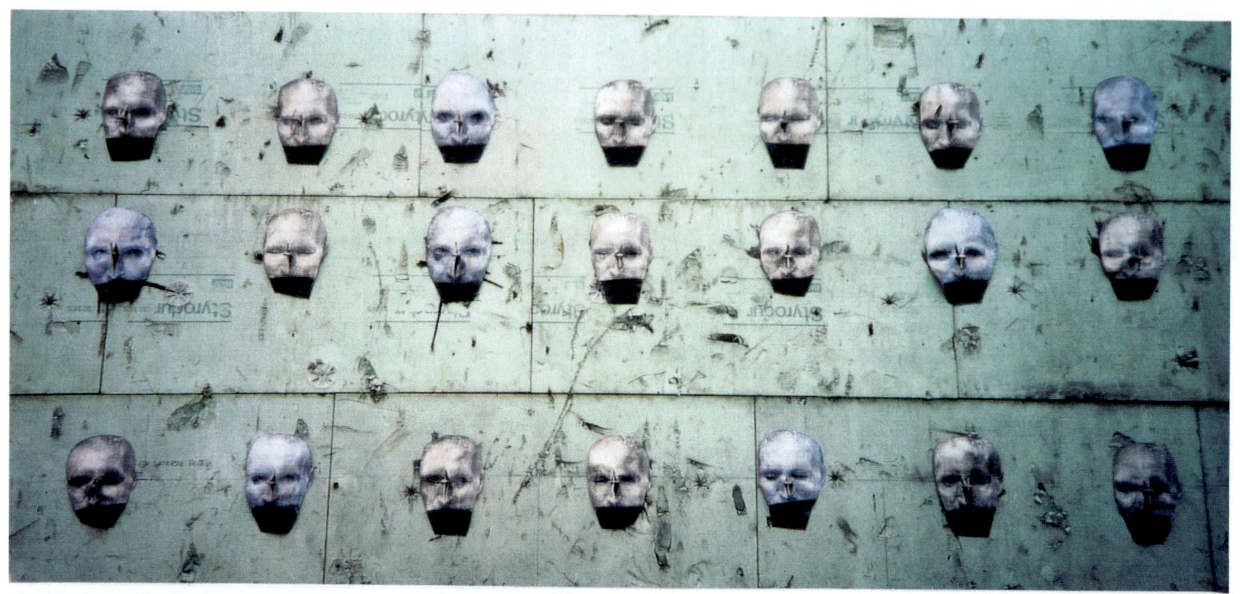

Das Schweigen der Männer, 2001
Fotokopien ein und derselben Totenmaske, überarbeitet. Installation an der Fundamentmauer des Hauses der Abgeordneten, Stuttgart, sowie 2003 in Hirschwirtscheuer, Künzelsau, Sammlung Würth, Künzelsau (Foto Volker Naumann)

Schweigen hatte hier einen anderen Aspekt, es war ein kostbares, intensives Erleben. Meine später geschaffene Rauminstallation konnte daher nur einen französischen Titel tragen: „Le silence absolu".

Schweigen ist auch eine wesentliche Form der menschlichen Kommunikation, mit Wortlosigkeit teilt man auch viel mit. Je nachdem, wer wem gegenüber schweigt, wann, wo, worüber und weshalb geschwiegen wird, kann Schweigen in ganz unterschiedlichen Formen/Facetten auftreten. Vollkommene Stille kann kostbar, angenehm aber auch bedrohlich, beängstigend sein. Eine besonders beklemmende Stimmung erlebte man im Straßenbahndepot Vogelsang in Stuttgart als Sie Ihre Installation „Solitude… Über das Schweigen in weiten Räumen" im Jahre 1990 zeigten. Gab es einen konkreten Auslöser für das Werk?

Der Auslöser waren die Fernsehbilder über das schreckliche Erdbeben in Aserbaidschan. Für die unzähligen Obdachlosen wurden provisorische Schlafplätze auf der nackten Erde eingerichtet, in denen sich die Opfer und Helfer, vor Entsetzen stumm, drängten. Öffentliche Unterbringungen dieser Art gibt es seither in allen Kriegen und Auseinandersetzungen. Damals zimmerte ich aus Schaltafeln vom Bau 21 solche Schlafkisten, provisorisch aufgestellt in einem aufgelassenen Straßenbahndepot in Stuttgart. Es ist eine wahrhaft antizipatorische Arbeit; denn wenig später wurde diese Stätte umfunktioniert für die vielen Menschen, die über Prag und Ungarn nach Westdeutschland geflüchtet waren. Das Depot wurde voller Schlafboxen gestellt, zur Wasserleitung war es ein weiter Weg, die Leute mussten sich damit wochenlang begnügen. Wie Menschen mit solch einer Lage fertig werden können, ohne zu verzweifeln und sich aufzugeben, beschäftigt mich immer wieder. Es ist ein Schweigen und ein Verschweigen seltsamer Art.

Zahlreiche Arbeiten handeln von den Auswirkungen des Krieges. Man empfindet eine tiefe Erschütterung, obwohl die Gewaltopfer nicht direkt erkennbar sind. Häufig sind es nur noch Lebensspuren, wie getragene Hosen, Schuhe oder Hemden, die übrig blieben. Wie Mahnmale berühren sie uns tief, weil sie Geschichten von Menschenleben bewahren. Die Arbeit „Alle wollen sie dabei sein“ *geht einem lange nicht aus dem Kopf… (Siehe Abbildung auf Seite 8.)*

Die Installation wurde in 1999 geschaffen unter dem Eindruck der Kriegshandlungen im Kosovo, in Tschetschenien und Indonesien. Leere Männerhosen aller Art – blue Jeans, Sporthosen, feine Herrenhosen – liegen auf Paletten, gleichsam zum Entsorgen beiseite geräumt. Ihre Haltungen lassen ahnen, dass die Männer nicht auf natürliche Weise ihr Leben verloren haben. Die Oberseiten zeigen die Tarnmuster der Felduniformen derzeit kriegführender Truppen und Gruppen, wie wir sie allabendlich im Fernsehen vorgeführt bekommen. Da brüsten sich die Männer mit ihren Waffen, und selbst Persönlichkeiten des öffentlichen Lebens lassen es sich nicht nehmen, bei ihren „Frontbesuchen“ in die entsprechenden Uniformblousons zu schlüpfen. Das können Auftritte mit tödlichem Ausgang sein – aber offenbar wollen die Herren unbedingt dazugehören.

Wie wichtig war Ihnen der Ausstellungsort, in dem Fall ein sakraler Ort?

Die Widersprüchlichkeit von sakraler Atmosphäre und banaler, zugleich aber lebensbedrohlicher Realität ist gewollt. Das Werk ist als ein Stein des Anstoßes geschaffen. In der Kirche, einem Ort des Friedens, der Besinnung auf Werte wie Menschenwürde und Erhalt des Lebens, ist diese Installation eine Herausforderung. Sie kann Anstoß geben zum

Einhalten, zur Stellungnahme gegen Gewalt, und sie kann zeigen, dass Kunst ein Mittel zur Bewusstseinswandlung sein kann.

Viele Kriegsopfer auf der ganzen Welt verlieren ihre Behausungen, ihre Lebensgrundlagen und damit auch ihre Identität. 1991 entstand eine Reihe von zehn, zwei Meter hohen Schutz-Räumen aus Textilien und Papier, mit Holzstäben unsichtbar verstrebt. Sie wurden in mehreren Innenräumen als Installation aufgestellt, so dass man sie als Schutz-Suchende betreten konnte. Welche Beweggründe stehen dahinter?

Die Schutz-Räume entstanden in Reaktion auf das traumatisierende Erlebnis des „Golfkriegs" 1991. Erstmals nach 1945 wurde wieder offen ein Krieg geführt, nun aber mit den noch schlimmeren weiterentwickelten modernsten Waffen. Quasi als Pendant zu den Schutzräumen, in denen sich die Israeli vor dem Beschuss durch irakische Raketen verstecken mussten, erfand ich „natürliche" Rückzugsräume, die in ihrer Form an hohle Baumstämme erinnern. In einer Folge von Entwurfscollagen wurde das Thema formal auf verschiedenste Weise durchgespielt. Es war – und ist – daran gedacht, dass solche Schutz-Räume in wetterbeständiger Form (Bronzeguss?) geschaffen und in der Landschaft wie im urbanen Umfeld aufgestellt und zugänglich gemacht werden. Um einer gewissen Instabilität – die an die Einwirkung von Sturm und sonstigen Unbilden gemahnt – entgegenzuwirken, werden die Schutz-Räume mittels Seilen und Steinen (vom Ort der Installation) am Boden gleichsam verankert. Sie sind ca. zwei Meter hoch, können also den Menschen durchaus Schutz und Einkehr gewähren. Diese „Haut" ist das Einzige, was mir angesichts der weltbedrohenden Zeitabläufe bleibt: ein Schutz, eine Identifikations-Möglichkeit, ein Ort des Einhaltens und Atemschöpfens.

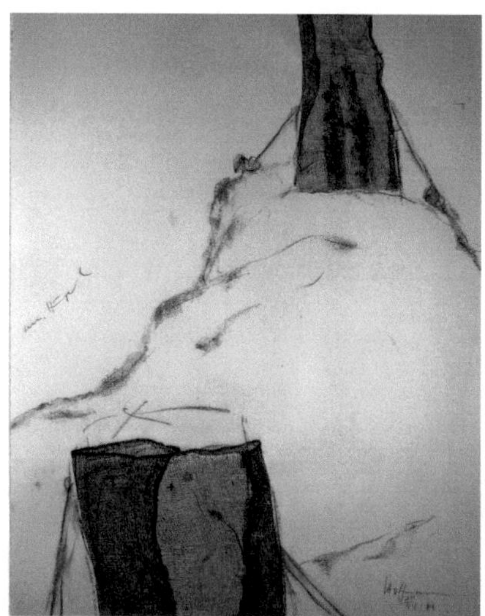

Aus der Folge der Collagen zum Thema Schutz-Räume. Am Hügel, 1994 Gaze, eingefärbt, sibir. Reißkohle 76 x 55 cm

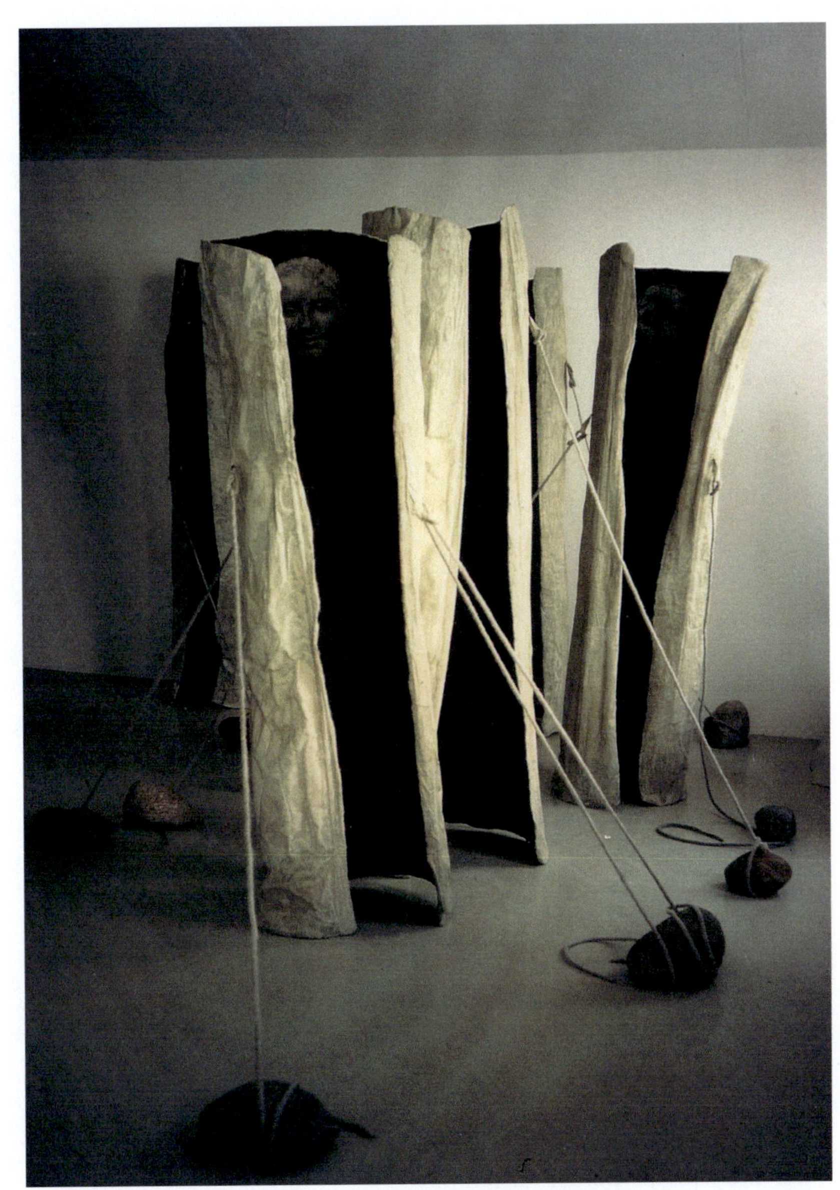

Schutz-Räume. 1991, 2001, 2002.
Gewebe, Dispersionsfarbe, Seile, Steine. Höhe der Objekte bis 200 cm. Sammlung Würth, Künzelsau (5 Objekte)

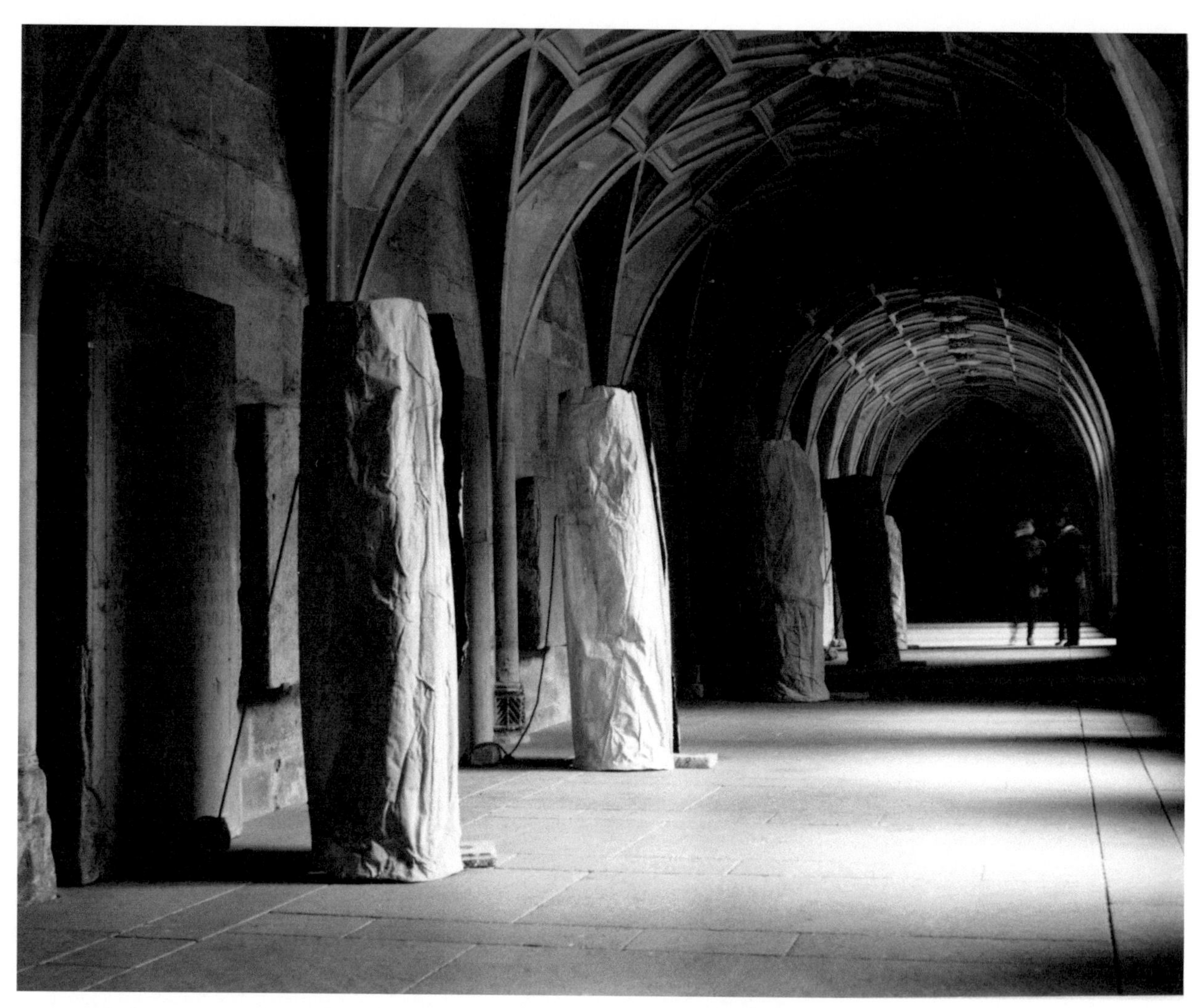

Schutz-Räume für Frauen, 1991
Hier im Kloster Bebenhausen

1997 haben Künstler und Künstlerinnen in dem säkularisierten Kloster Bebenhausen auf das Thema des Ein- und Ausgeschlossenseins reagiert.
In den fünf Schutz-Räumen sind Frauen skizziert, vor den Öffnungen liegen Trittsteine mit Fußabdrücken; sie symbolisieren die Möglichkeit für diese Frauen, aus ihrer Eingehülltheit herauszutreten und in der Öffentlichkeit tätig zu werden.

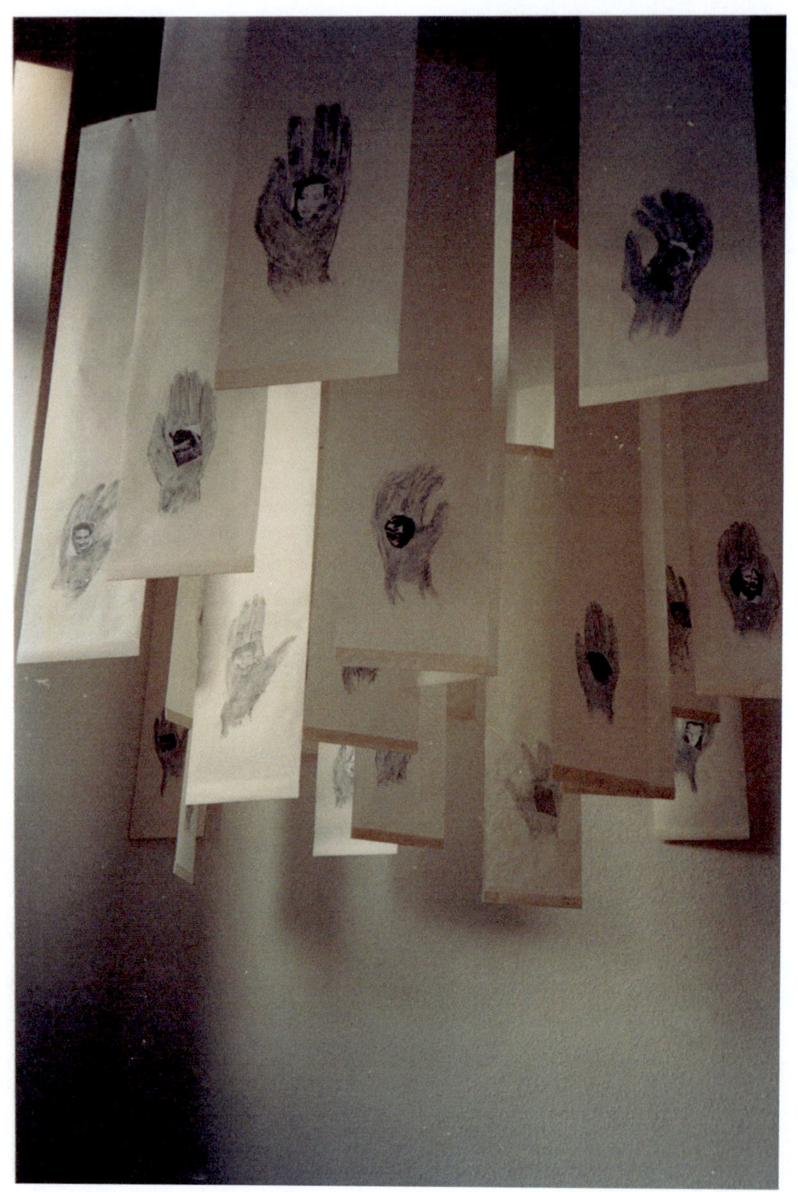

Manhattan Transfer oder Das Ende eines Zeitalters?, ab 2001
Pastellkreide, Fotokopien auf Scharnierstoff,
Länge der Bahnen bis 125 cm
Teils in Sammlung Würth, Künzelsau

Sehen, Fühlen und Handeln

Für das elementare Schutzbedürfnis des Menschen finden Sie neben den großformatigen Schutz-Räumen weitere adäquate und überzeugende Ausdrucksformen. In Ihrer 2001 entstandenen Installation mit dem Titel „Manhattan Transfer oder Das Ende eines Zeitalters?" zeichneten Sie auf leichte weiße Stoffbahnen in zartem Pastellblau offene Hände in unterschiedlichen Haltungen. Sie setzten bewusst zerrissene und wieder zusammengefügte Portraits in einzelne Handflächen ein, die den Menschen Schutz und Hilfe gewähren sollen. Die Arbeit bezieht sich auf die Terroranschläge des 11. Septembers.
Erinnern Sie sich noch, wo Sie an jenem Tag die unfassbare Nachricht erreicht hat?

Es war in Nida an der litauischen Ostseeküste, wo ich an dem schon erwähnten Projekt EUROMARE arbeitete. Am frühen Morgen des 12. September sah ich in der Hotelhalle auf dem riesigen Fernsehbildschirm die brennenden Türme des World Trade Center und hielt das für einen abgeschmackten Kriminalfilm. Man klärte mich auf, dass das tatsächlich am Vortag geschehen sei. Es war nicht zu fassen. Meine Kollegen und ich waren wie paralysiert und wir fragten uns, was unsere künstlerische Tätigkeit angesichts einer solchen Barbarei noch für einen Sinn habe. Dann aber sagten wir uns: Wir machen weiter, nun erst recht! Wir dürfen uns von dem Entsetzen über diesen Terror nicht lähmen lassen, denn das ist ja die Absicht dieser Verbrecher. Schweren Herzens gingen wir durch den mit Trauerfahnen beflaggten Badeort zur großen Düne und bemühten uns, die vorgesehenen Installationen, die einen eher poetischen Charakter hatten, durchzuführen.

Die aus den Medien entnommenen schwarzweißen Fotos zeigen Menschen verschiedener Herkunft, verschiedenen Geschlechtes, verschiedener Religion und unterschiedlichen Alters. Es sind absichtlich nicht die Gesichter der Todesopfer. Warum war es Ihnen unwichtig, die Opfer zu zeigen?

Zunächst einmal: es erschienen in den Medien weder Abbildungen noch Namenslisten von Opfern. Es hätte mir auch innerlich widerstrebt, Originalzeugnisse über die Ermordeten für meine künstlerische Arbeit zu „benutzen". Ich begnügte mich mit Bildausschnitten aus Zeitschriften, die beliebige

Menschen jeder Art und Gesellschaftsschicht zeigten. Ich zerriss sie, um sie in den schützenden Händen wieder zusammen zu fügen. Ich will in diesem work in progress, das ich in mehreren Stufen weiterführte, zeigen, dass wir Menschen füreinander verantwortlich sind, dass wir zusammenhalten und Kräfte entwickeln müssen als Gegengewicht gegen zerstörerische Gewalt.

Ganz entscheidend war Ihre Wahl für ein beinahe gewichtloses Material, das auch den Kerngedanken des Werkes versinnbildlicht. So kann die Leichtigkeit und Fragilität der Stoffbahnen als bildhafter Ausdruck für die Gefährdung des menschlichen Daseins verstanden werden; zerbrechlich wie unser Leben. Dem Titel liegt der berühmte Roman „Manhattan Transfer" von John Dos Passos (1925) zugrunde, in dem der amerikanische Autor die Erwartungen und Ängste zahlloser Einzelschicksale in der Weltmetropole fesselnd schildert. Mit dem von Dos Passos entliehenen literarischen Zitat für Ihr eigenes Werk deuten Sie eine gewisse Gemeinsamkeit an. Was ist es konkret?

Ich will diese Titelwahl nicht hochstilisieren. Manhattan kenne und liebe ich, ich war auch auf dem Dach des WTC. Ich habe diese Arbeit ganz spontan so benannt, ohne eine inhaltliche Verbindung mit dem Schriftsteller herzustellen. Der Ort Manhattan ist für mich allerdings ein Inbegriff für hohe Kultur und eine bestimmte Lebensweise, die auch die „ups and downs of life" beinhaltet. Dieser Terrorangriff bedeutet meiner Ansicht nach – ähnlich wie der Abwurf der Atombombe 1945 auf Hiroshima – das Ende eines Zeitalters.

Man verzweifelt an der Realität; von Menschenhand werden Leben zerstört, einfach ausgelöscht. Ihre Arbeiten sind dennoch hoffnungsvoll. Braucht diese Art von Kunst zeitlichen und räumlichen Abstand von den Katastrophen, um zu einer anderen Nähe zu finden, die dem Betrachter Zuversicht gibt?

Räumlichen oder zeitlichen Abstand zu dem Ereignis brauche ich nicht. Aber ich brauche Hoffnung! Ich bin bemüht in meinem Medium, der Kunst, auch immer wieder positive Dinge und Erscheinungen aufklingen zu lassen.

Wie in der Arbeit „Fünf Schutzbefohlene", bei dem Sie auf lose Leinwand große Hände malten. In den Handflächen eingebettet erscheinen nackte Körper. Die verschiedenen, mit kleinen Bleiplatten abgedeckten Körperstellen sollen vor medizinischen Bestrahlungen geschützt werden. Menschliche Einsamkeit und körperliche Machtlosigkeit werden in den Händen aufgefangen.

In dieser Arbeit ist es eigentlich eine umgekehrte Darstellung. Ich schütze mit den Blei-

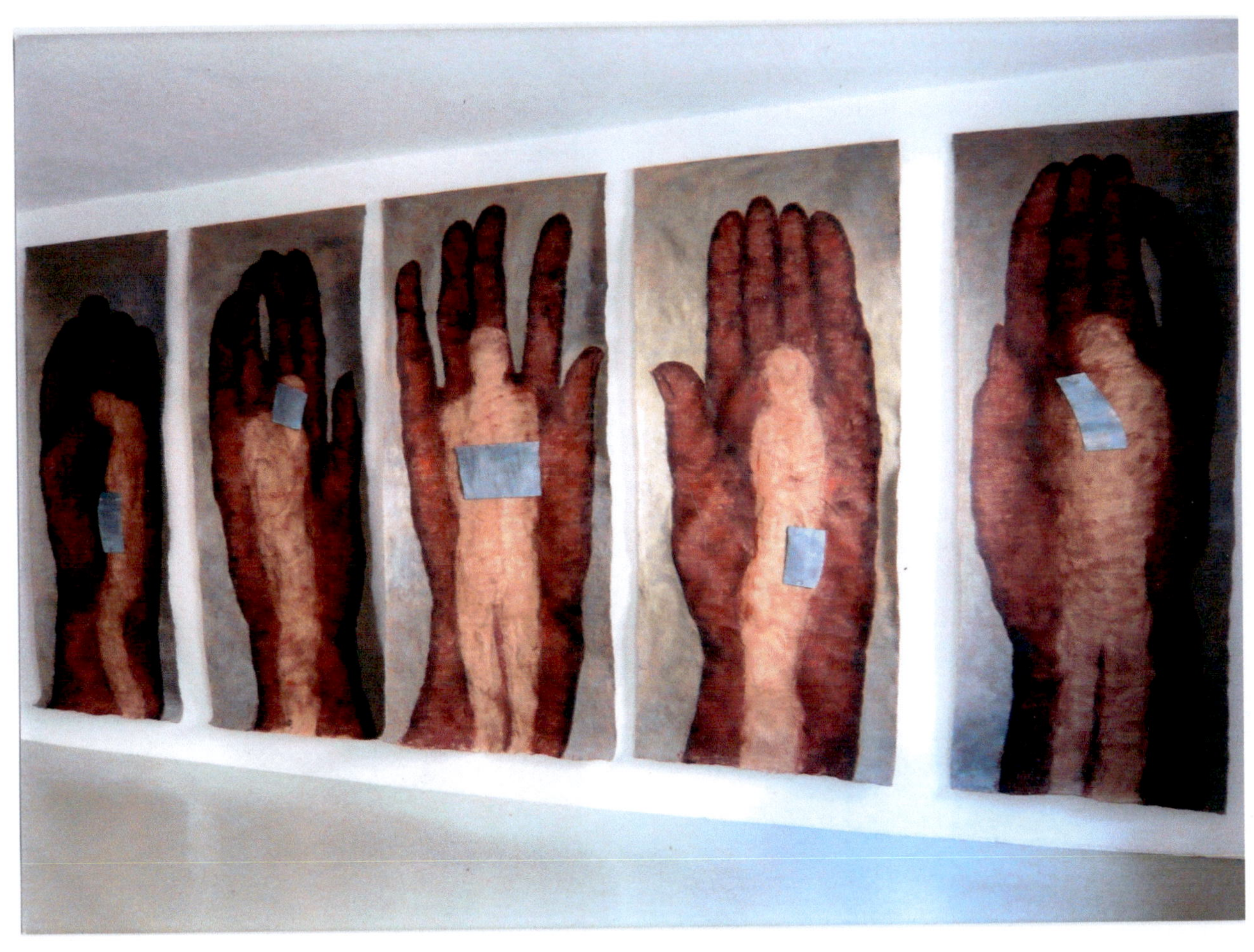

Fünf Schutzbefohlene, 2007
Öl, Blei, Schrauben auf loser Leinwand, Höhe 220 cm

platten die Körperstellen, die üblicherweise in der Medizin verschiedenen und meist auch nötigen Strahlen ausgesetzt werden. Ich deute an, dass wir Menschen von einander abhängig sind und das es darauf ankommt, wie wir miteinander umgehen. Zugegeben, es ist ein komplexes Werk. Wo es bisher gezeigt wurde, hat es zum Nachdenken und zu Gesprächen angeregt. Was die Hände betrifft, so zeichne und male ich Hände einfach sehr gern, von klein bis riesengroß, in allen Techniken.

In ähnlicher Weise finden Körperteile Schutz in offenen Händen in einem ab 1997 entstandenen zeichnerischen Zyklus „ANAMNESE“; künstliches Hüftgelenk und Bandscheibenschäden werden zum Bildthema. Gehen diese Inhalte auf Ihre eigenen körperlichen Beschwerden zurück?

Es ist so. Mir geht es gleich besser, wenn ich einen Unfall, der mir passiert ist, künstlerisch „verewigen“ kann!

Das Motiv der Hand oder der Hände unterliegt einer sehr vielschichtigen Deutung. Die übergroßen Hände in Ihren Werken sind gewollt: sie sind akzentuiert für die künstlerische Aussage und stehen als Symbol für das schöpferisch und handwerklich Kreative im Allgemeinen. Ideen, die im Kopf entstehen, werden mit den Händen ausgeführt. Darüber hinaus kann die Hand als Bildmotiv für unzählige positive und nega-

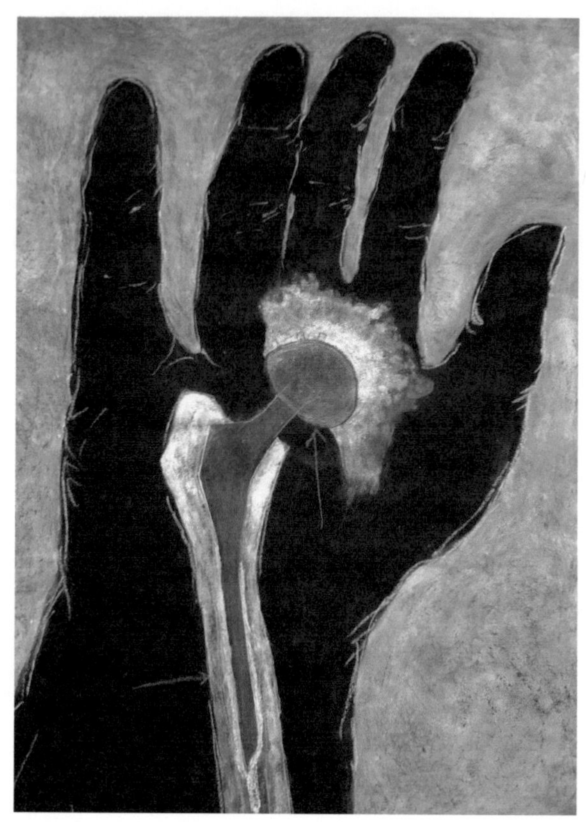

Aus der Folge ANAMNESE, 2006
Künstliches Hüftgelenk,
Diverse Zeichenmittel, Silberschliffbronze

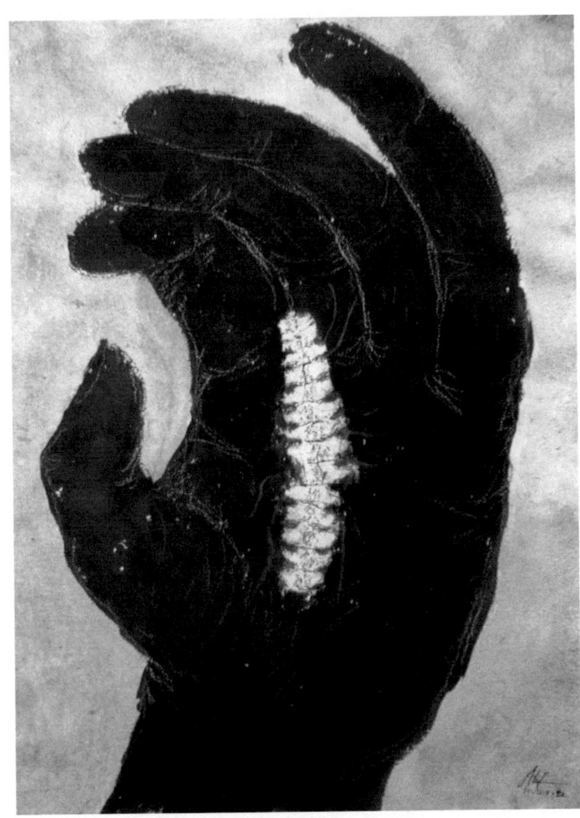

Aus der Folge ANAMNESE, 2008
Bandscheibenschäden
Diverse Zeichenmittel, Silberschliffbronze

tive Tätigkeiten stehen; für all das, was wir mit unseren Händen ausüben können. Als für die Künstlerin wichtigstes Organ ist die Hand ein Symbol auch für die Kommunikation; mit den Händen und mit jeder noch so unauffälligen Handhaltung können wir so vieles ausdrücken und auch ohne Worte mitteilen. Bei Ihnen, Frau Hoffmann, erscheint das Motiv der Hände durch Ihre ganze Schaffensperiode, von den frühen graphischen Arbeiten der 70er Jahre bis heute, und steht als Metapher allgemein für das geistige Wahrnehmen und Erkennen, als Organ des Schaffens, des Gestaltens und des schöpferischen Handelns. Damit ist die Hand in Ihrer Kunst in erster Linie als Trägerin geistigen Ausdrucks zu verstehen.
Was bedeutet für eine bildende Künstlerin die Hand und vor allem heute, in Ihrem hohen Alter noch immer mit den Händen arbeiten zu können?

Es bedeutet genau das, was Sie soeben ausgedrückt haben. Es zeigt doch auch, wie überaus reich das Leben sein kann, wenn man Bildgedanken als so breit gefächerte Deutungen und Gestaltungen in die Welt setzen kann. Die Ideen sind da. Ich hoffe, dass die Kraft meiner Hände nicht nachlässt, sie zu realisieren, denn das ist mein Leben!

Ein weiteres, man könnte sagen, in gleicher Weise wichtiges und häufiges Motiv in Ihrer

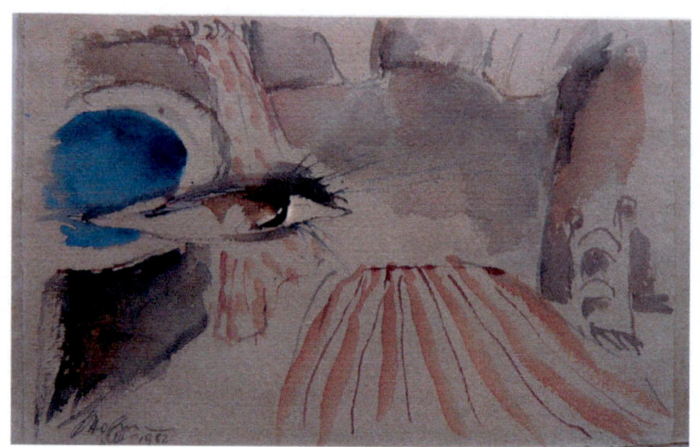

Arles, la chambre (Das Zimmer), 1982
Aquarell. 20 x 28 cm auf handgeschöpften de Wint-Bütten

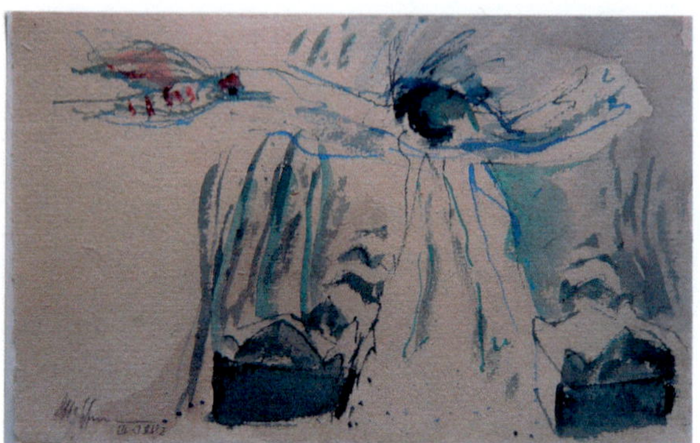

Arles, Alyscamps, 1982
Aquarell. 20 x 28 cm auf handgeschöpften de Wint-Bütten

Kunst ist das Auge, das als Zeichen der sinnlichen und geistigen Wahrnehmung gedeutet werden kann.

Unsere Augen sind für mich ein ganz besonderes Thema. Sie sind das wichtigste Sinnesorgan der Lebewesen. Ein Mensch, der ohne Augenlicht geboren wird – wie kann er überhaupt eine Vorstellung von dieser Welt haben?

Zwischen den Jahren 1982-1992 hatten Sie eine besonders intensive „Augenperiode".

Ich war, wie schon öfter, in Arles und fand ein Zimmer im Dachgeschoss eines alten Hauses, das direkt neben dem von van Gogh gemalten „Nachtcafé" lag. Das einzige Fenster, ein ovales „Bullauge", ließ in den Raum, in dem ich meine Siesta hielt, ein warmes Leuchten erscheinen. Und plötzlich war mir, als käme ein großes offenes Auge herein geflogen, das über mir schwebend mich aufforderte, diese wunderbare Stadt und Landschaft nun mit allen Sinnen zu erwandern und zu erforschen. Das wurde dann in vielen Zeichnungen und Aquarellen und schließlich auch in einem radierten „Augenbuch", versehen mit eigenen Worten, immer wieder gestaltet. Die Arbeit daran war einfach beglückend, ein unendlicher Ideenfluss. In den Augen-Bildern ist das Auge immer gleichsam ein selbständiges Wesen, es kann über den Menschen schweben oder sogar mit ihnen in Dialog treten. Das Auge erlebt die Welt.

Aus der langen Reihe wichtiger Arbeiten zu diesem Thema möchte ich zwei weitere hervorheben, die mir am interessantesten erscheinen.

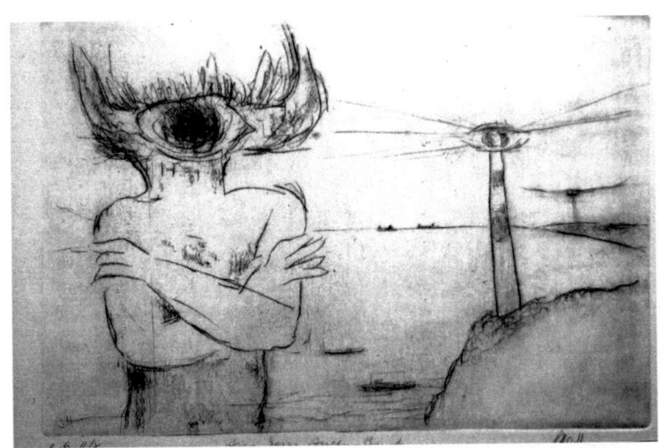

Meeresherrscher, aus dem „Augenbuch“, 1982. Kaltnadelradierung und handgeschriebener eigener Text. 20 x 28 cm

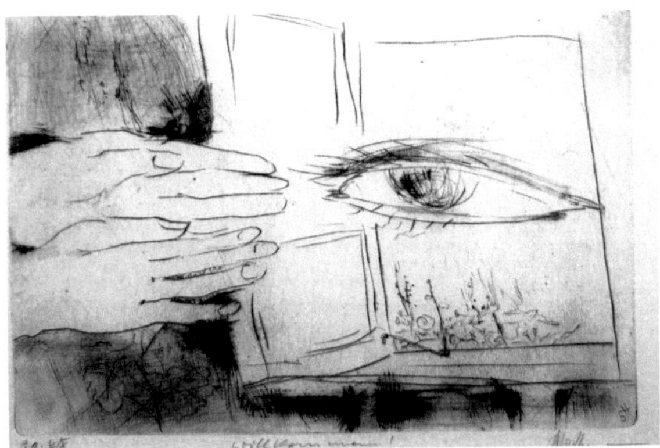

Willkommen, aus dem „Augenbuch“, 1982. Kaltnadelradierung und handgeschriebener eigener Text. 20 x 28 cm

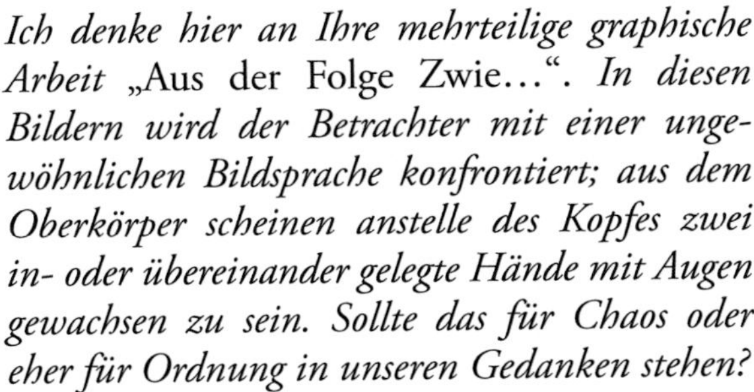

Ich denke hier an Ihre mehrteilige graphische Arbeit „Aus der Folge Zwie…“. *In diesen Bildern wird der Betrachter mit einer ungewöhnlichen Bildsprache konfrontiert; aus dem Oberkörper scheinen anstelle des Kopfes zwei in- oder übereinander gelegte Hände mit Augen gewachsen zu sein. Sollte das für Chaos oder eher für Ordnung in unseren Gedanken stehen?*

Sie sprachen schon von Handgesten, die viel ausdrücken können. Dazu gehört auch das Fuchteln mit den Händen vor dem Gesicht, wenn einen etwas verwirrt oder wenn man etwas abwerten oder verwerfen will, und vieles andere mehr; ich denke dabei an unsere zweifältige, aber auch zwiespältige Wahrnehmung dessen, was um uns her geschieht. Fragen Sie mich nicht, weshalb ich diesen gestikulierenden Händen jeweils Augen mit unterschiedlichen Blicken zugefügt habe! Es ist einfach nur eine formalästhetische Sache. Während der Arbeit war ich selbst verblüfft, was man alles für Ausdrücke mit solchen Collagen erzielen kann. Für die Betrachter sind sie sicher eine Herausforderung oder auch ein Rätsel.

Übrigens habe ich nicht nur mit Händen die Rätselhaftigkeit mancher Dinge, die uns begegnen, dargestellt. Es gibt zum Beispiel eine Folge von Zeichnungen mit dem Titel „Die Unschuld der Gegenstände“, in der ich Details von alltäglichen Dingen aus ihrem Umfeld löse und ohne Titel zeichne. Meine Berliner Galeristin hat sie mit „Ratebildern“ bezeichnet, und das Publikum muss selbst herausfinden, worum es sich handeln könnte. Da

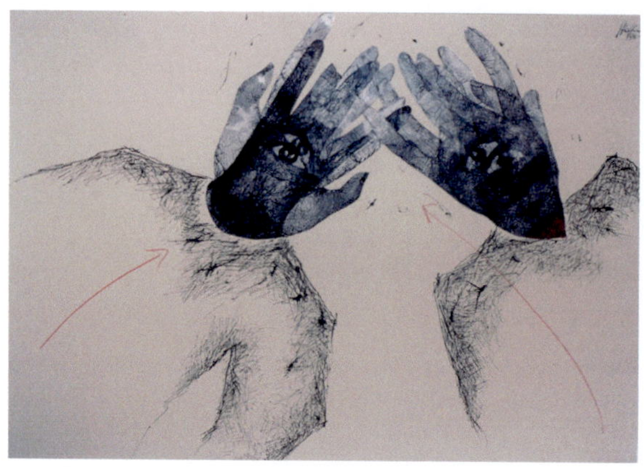

Aus der Folge Zwie… Zwietracht, 2004
Tuschfeder, Farbstift, gezeichnete Hände, fotokopiert auf Folie, 56 x 76 cm, auf handgeschöpften de Wint-Bütten, Staatliche Gemäldesammlung zu Berlin, Kupferstichkabinett

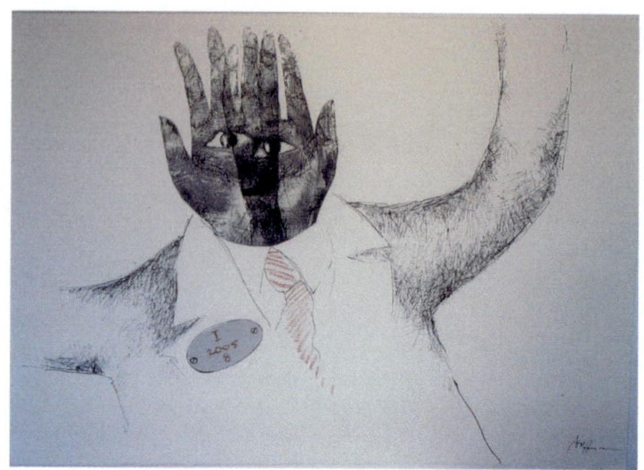

Aus der Folge Zwie… Teilnehmer, 2005
Tuschfeder, Farbstift, gezeichnete Hände, fotokopiert auf Folie 56 x 76 cm, auf handgeschöpften de Wint-Bütten

kommen dann unglaublich vielseitige Interpretationen zum Vorschein, die mich wiederum zu weiteren Arbeiten anregen.

Vor wenigen Monaten haben Sie in Ihrer Ausstellung in Stuttgart-Feuerbach Ihre aktuellste Arbeit „Mein inneres Auge" gezeigt. Das Werk bringt einerseits deutlich zum Ausdruck, dass das Augenmotiv bis heute ein ganz wesentlicher Teil Ihrer Kunst ist, andererseits zeigt es aber auch, wie geheimnisvoll Sie davon, auf eine fast gespenstische Art und Weise, begleitet werden. Was hat Sie zu einem solchen Werk angeregt?

Das Wandobjekt visualisiert die zum Teil höchst eigenartigen Seherscheinungen, die ich bei geschlossenen Augen wahrnahm. Jeweils nach der Injektion in das an der altersbedingten Makula-Degeneration erkrankten Auge traten diese Wahrnehmungen auf. Ich behielt sie im Gedächtnis und habe sie, sobald ich die Augen wieder öffnen durfte, sofort skizziert, weil ich sie so faszinierend fand. Reine Halluzinationen waren es nicht. Und da ich, wie schon erwähnt, froh bin, wenn ich aus einer Malaise ein Kunstwerk machen kann, habe ich sie dann auf diese Weise umgesetzt und daraus die Form eines großen Auges gestaltet. Aber dann fanden Freunde diese Arbeit wunderschön, und ich wollte es nicht dabei belassen. Ich habe das Objekt einfach quer durchgeschnitten, bevor es erstmals

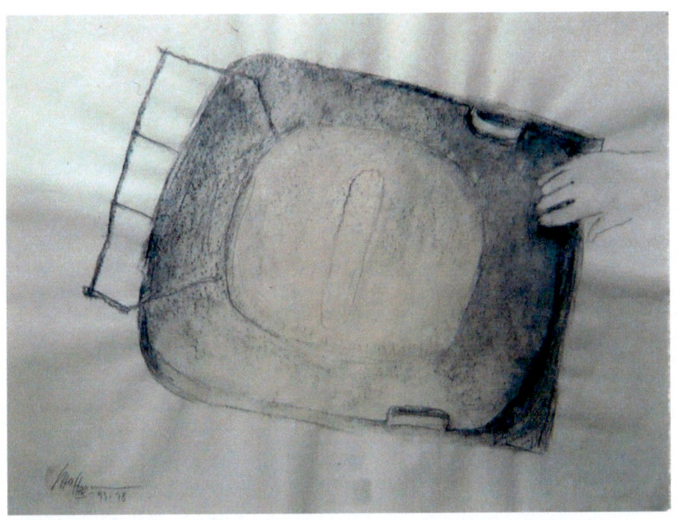

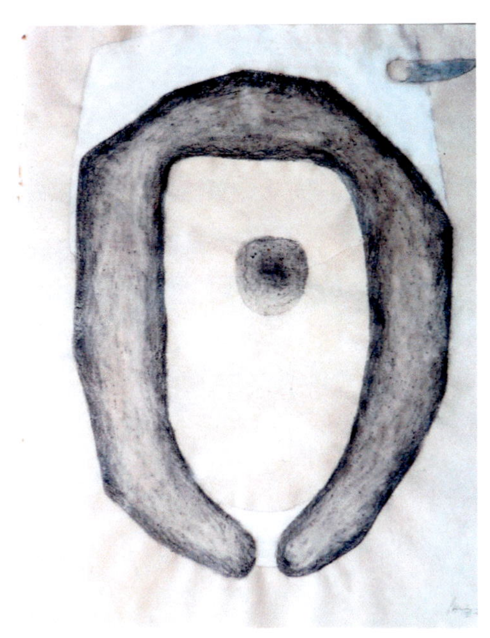

Die Unschuld der Gegenstände, Mülltonnendeckel, 1999 und WC-Deckel, 1995, Farbstift

ausgestellt wurde. Die Behandlung musste leider dann 2013 weitergeführt werden.

Wovon handelt Ihre neueste sechsteilige Arbeit, die im Sommer 2013 entstand?

Sie ist angeregt worden durch die Zeitungsmeldung einer ganz neuen Weltraumkapsel namens EINSTEIN, die vor einigen Wochen losgeschickt wurde und als das allerneuste und tollste Stück angepriesen wurde. Nun fliegt schon genug Weltraumschrott um die Erde, auch EINSTEIN wird diesen Weg gehen. Die Raumkapsel wird von Bild zu Bild reduzierter, genau wie der viele Schrott, den ich da zeige, die Sonne, zuerst bildfüllend rund, geht langsam unter. Es ist eine sehr pessimistische Sache. Wie viel Zeit wird das so weitergehen?

… Ihr Blick in die Zukunft ist dennoch nicht pessimistisch?

Wir haben bei unseren Gesprächen die Sorge um die Zukunft schon angesprochen. Ich würde hier gerne noch mal betonen, dass ich selbst kein pessimistischer Mensch bin, sondern – vielleicht entgegen aller Augen-

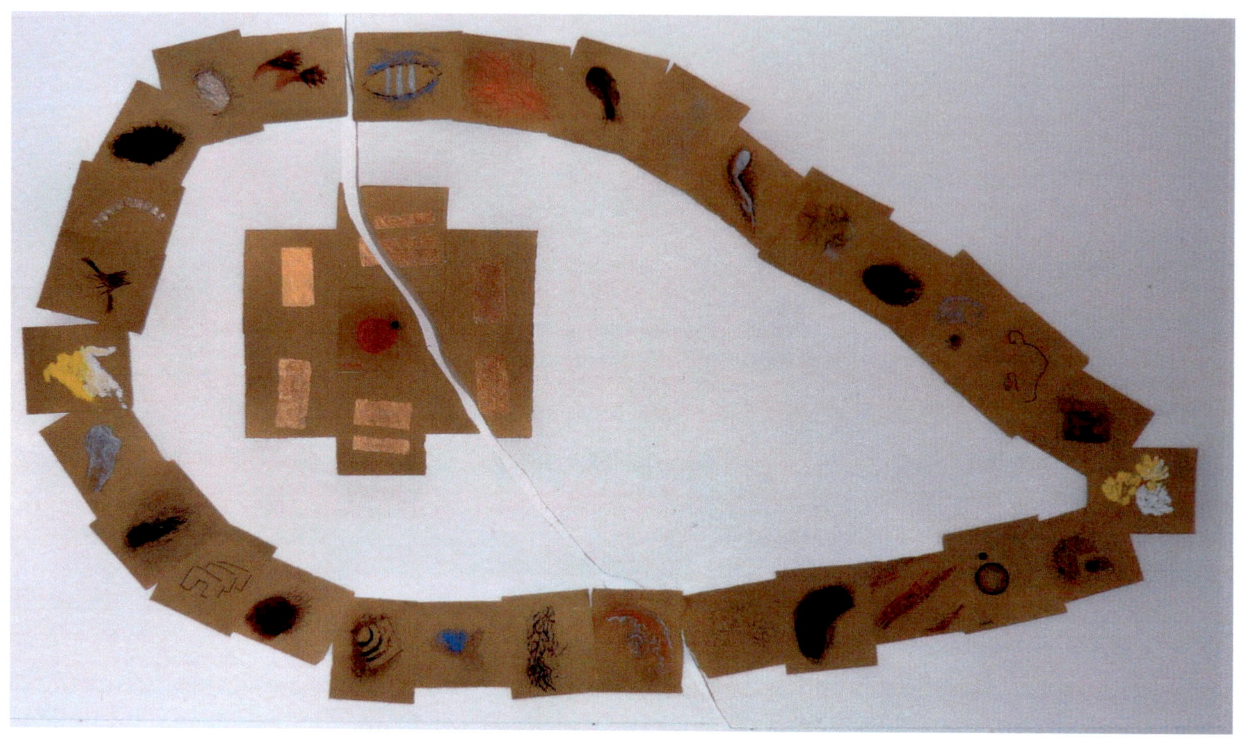

Mein inneres Auge, 2012
Diverse Zeichenmittel auf handgeschöpftem englischem Büttenpapier, montiert auf Kapaplatte

scheinlichkeit – voller Hoffnung in die Zukunft sehe und der Vernunft und Verantwortung der Menschen doch noch etwas Gutes zutraue. Ich möchte mit Ben Gurion, dem ersten Staatschef Israels, sagen, „Wer nicht an Wunder glaubt, ist kein Realist“. Es scheint völlig widersprüchlich, aber nur so kann ich leben. Ohne Hoffnung geht es nicht.

Nur wenige Menschen haben das Glück, ein so hohes Alter zu erreichen und trotz körperlicher Hinfälligkeit die innere Lebendigkeit zu bewahren. Ihnen gelingt es, den Einschränkungen des Alters die Gelassenheit, Toleranz und heitere Aufgeschlossenheit abzugewinnen. Mir fällt eine Bemerkung des 91jährigen Malers Pablo Picasso ein, die auch auf Ihr Leben zutrifft:

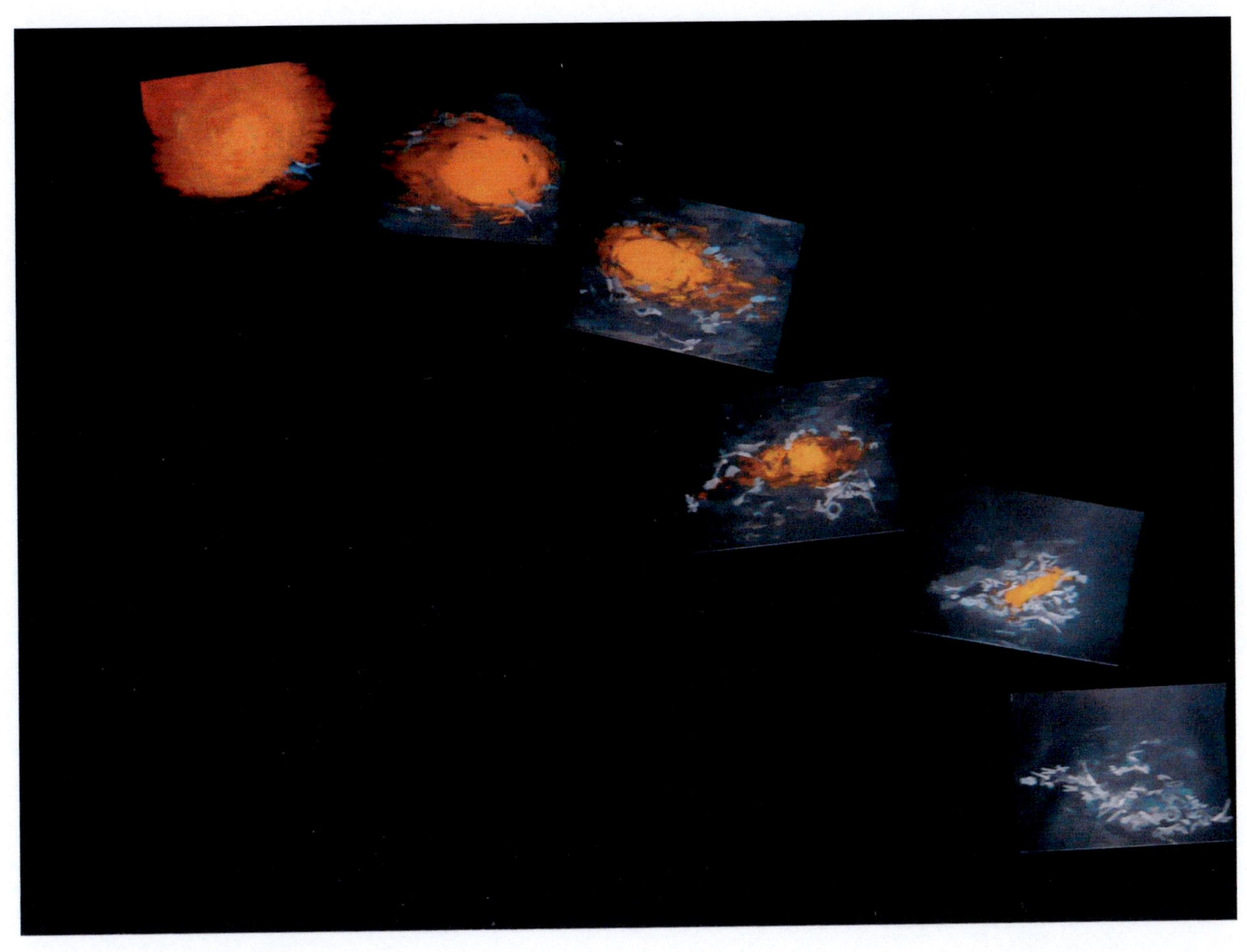

Die Sonne und die Zeit, 2013
Latexfarbe und Collage auf Rahmenkorpussen, je 60 x 80 x 2 cm; Wandinstallation: Der Titel ist dem gleichnamigen Oratorium von Mikis Theodorakis entnommen.

„Man muss schon sehr lange leben, um jung zu werden." Wenn ich Sie bei unserem – leider zu Ende gehenden – Gespräch nach einem Lebensfazit frage, wie würde das lauten?

Die Kinder von Thomas Mann haben ihre Eltern gern als die Urgreise bezeichnet. Ich bin nun auch in diesem Alter. Ich kann das nur positiv bewerten. Die Silbe UR hat eigentlich doch nur gute Bedeutungen: Urgestein, Urkraft, urig, Urzeiten, uralt ... sogar urbar machen... Und ich sehe es so, dass es auch mit dem Herkommen, den Wurzeln zu tun hat. Zu denen werde ich nun wohl bald zurückkehren. Was ein Lebensfazit betrifft, so fällt mir eine Antwort schwer, und es liegt mir auch nicht zurückzublicken – ich habe es schon am Anfang unseres Gesprächs anklingen lassen. Aber, liebe Frau Jütten, Sie haben mir ja nun einiges „entlockt", was ich bisher so noch nie formuliert hatte. Von den Wurzeln her wieder zu den Wurzeln. Was dazwischen ist, das macht mich aus.

Es ist mein Leben, und jedes Menschenleben ist unverwechselbar...

Edition Amici Essay

Alf Hermann Doch alle Kunst will Ewigkeit. Acht Essays über Bilder
Alf Hermann Noch einmal nachgedacht. Essay über sieben letzte Fragen

Edition Amici Drama

Helmut Landwehr Romanzero. Disparates

Edition Amici Prosa

Marion Röttgen Kindheiten – Kurzgeschichten
Marion Röttgen Schlimme Geschichten
Rolf Jeblick Tunakler. Geschichte eines Besatzungskindes

Edition Amici Studien

Hanns Frericks Kant und seine Relevanz für ethische Probleme der Gegenwart
Denny Paulicke Was ist Gesundheit?
Marion Röttgen / Gero Kerig / Hans-Peter Meier-Dallach (Hrsg.)
Gesundheitsbilder im Stadtquartier
Reinhard Steiner (Hrsg.)
Ornament und Klang. Herwarth Röttgen zum 80. Geburtstag